교육은 다시 현장으로

생존과 미래를 위한 10가지 약속

천호성 지음

도서출판 위

들어가며

전북 도민 여러분, 그리고 이 책을 펼쳐 주신 모든 교육 가족 여러분께 먼저 깊은 감사의 인사를 드립니다.

저는 평생을 아이들 곁에서, 교실과 학교, 그리고 교육대학 강의실을 오가며 살아왔습니다. 15년간 현장교사로 아이들의 눈을 바라보며 수업하고 상담하고 생활지도를 했고, 이후 20여 년은 예비교사와 현직교사를 가르치며 수업과 교육정책을 연구해 온 사람입니다. 500여 학교를 다니며 교사, 학생, 학부모와 마주 앉아 이야기를 나누다 보면, 결국 한 가지 질문으로 돌아가게 됩니다.

"지금 우리의 교육은, 정말 아이들의 삶을 더 나아지게 만들고 있는가?"

이 책은 그 질문에 전북이라는 지역의 이름을 붙여 다시 묻는 작업입니다. 그리고 그 질문 앞에서 저 스스로, 또 우리 교육공동체 모두가 정직하게 답해 보자는 제안이기도 합니다.

"위기"라는 말을 너무 자주 쓰게 되는 요즘

전북의 학교를 다니다 보면, 거의 모든 자리에서 빠지지 않고 등장하는 단어가 있습니다. 바로 "위기"입니다.

학생 수가 줄어들어 10년 안에 전북의 학교 절반 가까이가 문을 닫을 수 있다는 이야기, 마을이 사라지고 지역이 소멸할 수 있다는 걱정, 학교폭력과 정서 문제, 돌봄과 복지의 부담, 교사의 소진과 떠나는 교사들, 그리고 교육청과 교육행정에 대한 불신과 청렴도 하락까지.

많은 분이 "전북 교육이 어디까지 떨어질 수 있는지, 이제 바닥이 어딘지 모르겠다"고 한숨을 쉬십니다.

저 역시 교육감 선거에 나섰던 후보 이전에, 한 사람의 교사로, 한 지역의 주민으로서 그 위기를 매일같이 체감하고 있습니다.

하지만 저는 이 책에서 '위기'를 말하기 위해서만 글을 쓰지는 않았습니다.

위기라는 단어에 주눅 들지 않고,

"그렇다면 우리가 무엇을, 어디에서부터 다시 시작해야 하는가"를 함께 찾고 싶었습니다.

그래서 이 책에서는 전북 교육이 처한 현실을 냉정하게 진단하면서도, 교실과 마을, 교사와 학생, 학부모와 도민이 이미 만들어 내고 있는 작은 희망의 싹들을 함께 보여 드리고자 했습니다. 위기를 위기로만 말하면 절망이 되지만, 위기 속에서 다시 시작할 방향을 찾기 시작하면 그것은 곧 전환의 출발점이 될 수 있다고 믿기 때문입니다.

"생존"이라는 시대정신, 그리고 교육의 자리

저는 출마선언에서 지금 교육의 시대정신을 "생존"이라고 말씀 드린 바 있습니다.

급격한 사회 변화 속에서 살아남아야 하는 개인의 생존,

인구 감소와 지역 소멸의 위기 속에서 살아남아야 하는 지역의 생존,

기후위기와 전지구적 문제 속에서 살아남아야 하는 지구적 생존.

이 세 가지 생존이 서로 얽혀 있습니다.

한 아이의 생존 가능성이 곧 한 지역의 생존 가능성과 이어지고, 한 지역의 지속가능성이 결국 지구적 생존의 조건과 연결됩니다.

그렇다면 교육은 무엇을 해야 할까요?

저는 교육이 더 이상 "좋은 학교, 좋은 대학, 좋은 일자리"라는 수직적 성공의 사다리만을 약속해서는 안 된다고 생각합니다.

이제 교육은, 각자의 삶을 버티고 가꾸어 갈 실력, 서로를 지켜 줄 관계와 연대, 모두가 함께 살아갈 공정하고 안전한 공동체를 만들어 내는 힘이 되어야 합니다.

그래서 이 책에서 저는 조금 낯설게 들릴지 모를 표현을 자주 사용했습니다.

"학력을 넘어 실력을 키우는 학교",

"경쟁을 넘어 상생을 추구하는 교육",

"기기를 넘어 이야기를 중심에 두는 미래교육",

"정책을 넘어 생태계를 새로 짜는 전북 교육".

이 표현들은 단지 슬로건이 아니라, 전북 교육이 앞으로 걸어가야 할 길을 압축한 방향표입니다.

왜 '현장'에서 다시 시작해야 하는가

저는 교사로서 15년 동안, 이름도 작고 낯선 학교들에서 아이들과 함께 울고 웃었습니다.

현장 교사로 살아가는 동안, 교육정책이 얼마나 자주, 얼마나 가볍게 교실을 흔드는지를 몸으로 겪었습니다. "좋은 취지"라는 말 뒤에 숨어 있는 탁상공론과 보여 주기식 사업이 교사와 아이들을 얼마나 지치게 하는지, 서류와 보고, 평가와 공문이 어떻게 교실의 숨통을 조이는지 직접 경험했습니다.

이후 교육대학 교수로 살면서는, 교사들의 전문성과 자존감을 어떻게 지켜 줄 것인지, 예비교사들이 "교육의 희망"을 버티며 성장할 수 있도록 무엇을 해야 하는지를 고민해 왔습니다.

3년 전, 저는 전북민주진보교육감 단일후보로 선출되면서,

전북 교육의 방향을 놓고 도민과 함께 더 큰 고민의 장에 서게

되었습니다.

비록 그 선거에서 승자는 아니었지만, 그 과정에서 저는 더 많은 학교와 마을을 찾았고, 더 다양한 목소리를 들었습니다.

도시에 살든 농촌에 살든, 아이들에게 공정한 기회를 주고 싶다는 학부모,

학교를 떠나고 싶다는 결심과 아이들을 놓을 수 없다는 마음 사이에서 괴로워하는 교사,

"학교가 잘 되어야 마을이 산다"고 말하는 주민과 지자체 공무원.

이 책은 그런 수많은 만남과 대화의 기록이기도 합니다.

정책의 기준은 언제나 아이들이어야 하며,

정책의 언어는 교사와 학부모가 이해하고 참여할 수 있는 언어여야 합니다.

이 책이 담은 열 가지 약속 - 전북 교육의 새 판을 그리며

이 책은 전북교육의 미래를 이야기하며 내세운 열 가지 큰 방향을 중심으로 구성되어 있습니다.

Ⅰ. 건강한 교육생태계 회복

Ⅱ. 교육과정 중심의 학교 세우기

Ⅲ. 기초 튼튼! 기본에 충실한 교육

Ⅳ. 학력을 넘어 실력을 키우는 학교

Ⅴ. 모두가 성공하는 진학·진로교육

Ⅵ. 하이터치! AI·미래교육

Ⅶ. 관계 회복 중심의 따뜻한 학교

Ⅷ. 모두를 위한 교육복지

Ⅸ. 지역을 살리는 교육

Ⅹ. 청렴한 전북교육

각 장에서는 단순히 "무엇을 하겠다"는 의견만 나열하지 않았습니다.

왜 지금 전북에서 이 과제가 중요한지, 현장에서 교사와 학생이 겪고 있는 구체적인 어려움은 무엇인지, 이미 전북 곳곳에서 시도되고 있는 좋은 사례들은 무엇인지, 교육청이 바꾸어야 할 제도와 재정, 행정의 구조는 무엇인지,

하나하나 질문을 던지며 풀어 가고자 했습니다.

예를 들어,

"기초 튼튼! 기본에 충실한 교육" 장에서는 기초학력 완전책임제를,

"모두가 성공하는 진학·진로교육" 장에서는 진학진로교육원 설립과 AI 기반 진로·진학 지원 시스템을,

"하이터치! AI·미래교육" 장에서는 기기 중심이 아니라 사람과

관계 중심의 미래교육을 이야기합니다.

또한 "청렴한 전북교육" 장에서는, 부패와 비리가 단지 도덕적 문제를 넘어 교육의 전제조건인 신뢰를 무너뜨리는 구조적 문제임을 밝혀 내고,

청렴과 공정을 어떻게 제도와 문화로 만들어 갈 것인지에 대해 구체적인 대안을 제시했습니다.

이 책을 이렇게 읽어 주셨으면 합니다

독자마다 이 책을 읽는 이유와 관점은 조금씩 다를 것입니다.

그래서 저는 몇 가지 다른 독자들을 떠올리며 글을 썼습니다.

먼저, 교사와 학교 관리자 여러분께.

이 책은 여러분께 또 하나의 일을 떠넘기기 위한 "업무 지침서"가 아닙니다.

현장의 눈으로 정책을 비판적으로 바라보고,

"우리가 원하는 학교의 미래가 무엇인지"를 함께 설계하기 위한 대화의 초대장입니다.

각 장 말미에는 "학교 현장에서부터 시작할 수 있는 변화의 실마리"를 함께 제안했습니다.

둘째, 학부모와 학생, 도민 여러분께.

정책과 공약이 너무 어렵게 느껴지셨다면,

이 책을 통해 "왜 이런 정책이 필요한지", "우리 아이와 지역의 삶에 어떤 영향을 줄지"를 함께 생각해 보셨으면 합니다. 전문 용어 대신 가능한 한 일상의 언어로 풀어 쓰려 노력했습니다.

셋째, 지자체와 지역사회에서 일하시는 분들,

그리고 전북 바깥에서 전북을 응원하는 분들께도 이 책이 작은 참고서가 되기를 바랍니다.

학교 혼자, 교육청 혼자 할 수 있는 일은 많지 않습니다.

교육과 돌봄, 문화와 복지, 산업과 일자리, 농업과 생태, 도시와 마을 정책이 서로 엮일 때 비로소 지역의 미래가 보입니다.

이 책의 후반부에 담긴 "지역을 살리는 교육"과 "교육생태계 회복" 부분은 그런 관점에서 읽어 주시면 좋겠습니다.

정치적 언어를 넘어 '아이들의 언어'로 돌아가기 위해

이 책은 형식적이고 정형화된 정치적 언어의 껍질을 벗겨 내고 다시 아이들의 언어, 교실의 언어로 돌아가고자 하는 시도입니다.

"이 아이가 학교에 오는 발걸음이 가벼운가?",

"선생님이 교실 문을 열 때 두려움보다 기대가 더 큰가?",

"학부모가 학교 정문을 들어설 때, 불안보다 신뢰가 더 큰가?",

"이 학교가 있는 마을 사람들이 '학교 덕분에 우리 마을이 산다'고 말할 수 있는가?"

이 질문들에 "그렇다"고 답할 수 있다면,

그곳이 바로 전북 교육의 희망이자, 우리가 지켜야 할 학교입니다.

그 기준으로 이 책에서 제시한 열 가지 약속과 정책들을 살펴봐 주시기를 부탁드립니다.

함께 전북 교육의 새로운 시작을 열어 주시길

전북 교육의 변화는 어느 회의실, 어느 기관이 아니라 학교와 교실, 아이들의 하루에서 시작되어야 합니다.

교육감 한 사람의 의지로만 되는 일도 아니고, 교육청 몇 개 부서의 사업계획으로 만들어낼 수 있는 일도 아닙니다.

교사와 학생, 학부모와 도민, 지자체와 지역사회가 "전북의 아이들을 위해 무엇을 함께 바꿀 것인가"를 두고 치열하게 토론하고, 때로는 부딪치고, 또 끝내는 합의에 이르는 과정, 그 모든 것이 곧 전북 교육의 새로운 시작이라고 믿습니다.

이 책이 그 과정의 작은 불씨가 되기를 소망합니다.

한 줄의 문장이라도, 한 장의 사례라도, 여러분의 학교와 마을, 가정에서 새로운 대화를 여는 계기가 된다면

그것으로 이 책은 제 몫을 다했다고 생각하겠습니다.

전북의 아이들이 "전북에서 살아도, 전북이라서 더 행복하다"고

말할 수 있도록,

전북의 학부모가 "우리 아이를 전북 학교에 보내길 잘했다"고 말할 수 있도록,

전북의 교사가 "전북에서 교사로 살아가는 것이 자랑스럽다"고 말할 수 있도록,

그 길에 저 역시 현장교육전문가로서 끝까지 함께 걷겠습니다.

이 책을 읽어 주시는 여러분 한 분 한 분이 전북 교육의 동반자가 되어 주시길 부탁드립니다.

끝으로 이 책이 나오기까지 같이 치열하게 토론하고, 자료를 함께 찾으며 원고도 세심히 검토하고, 비판하고 대안을 찾으려 노력해 준 전북미래교육연구소 정책실 연구위원들과, 전문성을 바탕으로 교육혁신의 의견을 제시하며 저를 일깨워주신 현장의 선생님들께 깊은 감사와 존경의 인사를 드립니다.

2025년 12월

전주에서

천 호 성 드림

목차 CONTENTS

I

건강한
교육생태계 회복

- 모두를 위한 교육활동보호 안전망 구축
- 민주공화시민교육 활성화
- 학교자치 회복

1. 모두를 위한 교육활동보호 안전망 구축

　지금 학교 현장은 그야말로 '생존'의 공간이다. 가르치고 배우는 공간이 사법화된지는 이미 오래다. 가장 큰 문제인 상습적이고 악성적인 민원은 범죄로 규정해야 한다는 목소리가 높다. 이는 학교 현장의 안정성을 해치고 학생이나 교사 모두를 움츠리게 하기 때문이다. 한나아렌트의 말처럼 생존의 공간에서는 사유가 일어날 수 없다. 그래서 현장의 교사들은 명확하게 지침과 법규를 만들어 달라고 요구한다. 교권침해는 교사 개인의 문제가 아닌 교육환경 전체에 영향을 미치는 심각한 문제이다. 교권이 보호받는 환경이 조성될 때 교사의 교육권과 학생의 학습권 모두가 존중받을 수 있다.

　우선 교육부가 발표한 실태조사 결과를 살펴보자.

〈표 1〉 학교급별 교육활동 침해 현황[1]

학년도	초			중			고			기타			합계		
	학생	보호자 등	계	학생	보호자 등	계	학생	보호자 등	계	학생	보호자 등	계	학생	보호자 등	계
2020	50 (53%)	44 (47%)	94 (100%)	488 (93%)	36 (7%)	524 (100%)	543 (94%)	36 (6%)	579 (100%)				1,081 (90%)	116 (10%)	1,197 (100%)
2021	149 (69%)	67 (31%)	216 (100%)	1,158 (95%)	64 (5%)	1,222 (100%)	767 (96%)	36 (4%)	803 (100%)	24 (86%)	4 (14%)	28 (100%)	2,098 (92%)	171 (8%)	2,269 (100%)

---

1) 교육부, 2024학년도 교육활동 침해 실태조사 결과 발표(2025.5.13.보도자료)

학년도	유			초			중			고		
	학생	보호자 등	계	학생	보호자 등	계	학생	보호자 등	계	학생	보호자 등	계
2022	0 (0%)	5 (100%)	5 (100%)	202 (70%)	85 (30%)	287 (100%)	1,791 (96%)	71 (4%)	1,862 (100%)	807 (96%)	38 (4%)	845 (100%)
2023	1 (20%)	4 (80%)	5 (100%)	427 (77%)	156 (28%)	583 (100%)	2,982 (96%)	126 (4%)	3,108 (100%)	1,215 (96%)	57 (4%)	1,272 (100%)
2024	0 (0%)	23 (100%)	23 (100%)	493 (70%)	211 (30%)	704 (100%)	2,350 (93.9%)	153 (6.1%)	2,503 (100%)	880 (93.4%)	62 (6.6%)	942 (100%)

학년도	특수			각종			기타			합계		
	학생	보호자 등	계	학생	보호자 등	계	학생	보호자 등	계	학생	보호자 등	계
2022	29 (91%)	3 (9%)	32 (100%)	4 (100%)	0 (0%)	4 (100%)	0 (0%)	0 (0%)	0 (0%)	2,833 (93%)	202 (7%)	3,x035 (100%)
2023	65 (89%)	8 (11%)	73 (100%)	7 (100%)	0 (0%)	7 (100%)	0 (0%)	2 (100%)	2 (100%)	4,697 (93%)	353 (7%)	5,050 (100%)
2024	44 (80%)	11 (20%)	55 (100%)	4 (80%)	1 (20%)	5 (100%)	2 (100%)	0 (0%)	2 (100%)	3,773 (89.1%)	461 (10.9%)	4,234 (100%)

위의 자료에 의하면 교육활동 침해가 중학교에서 가장 많이 일어나고 있으며, 초등학교도 발생 건수가 증가하고 있다. 이제 교육활동 침해가 학교급 모두의 문제가 되고 있다고 보인다. 전북 전주의 M초 사건은 이제 전국적인 심각 사안이 되었다.

〈표 2〉 침해유형 및 침해주체별 현황[2]

침해주체	2020학년도		2021학년도		2022학년도(1학기)	
	학생	보호자 등	학생	보호자 등	학생	보호자 등
상해폭행	106 (9.8%)	7 (6.0%)	231 (11.0%)	8 (4.7%)	167 (11.3%)	10 (8.3%)
모욕·명예훼손	622 (57.5%)	46 (39.7%)	1,203 (57.3%)	68 (39.8%)	835 (56.6%)	42 (34.7%)
성적 굴욕감 혐오감 일으키는 행위	107 (9.9%)	3 (2.6%)	200 (9.5%)	7 (4.1%)	123 (8.3%)	2 (1.7%)
공무 및 업무방해	69 (6.4%)	6 (5.2%)	80 (3.8%)	15 (8.8%)	69 (4.7%)	16 (13.2%)
성적 굴욕감 혐오감 일으키는 행위	107 (9.9%)	3 (2.6%)	200 (9.5%)	7 (4.1%)	123 (8.3%)	2 (1.7%)

---

2) 교육부, 2024학년도 교육활동 침해 실태조사 결과 발표(2025.5.13.보도자료)

	2020학년도		2021학년도		2022학년도(1학기)	
협박	38 (3.5%)	10 (8.6%)	60 (2.9%)	19 (11.1%)	70 (4.7%)	12 (9.9%)
손괴	12 (1.1%)	0 (0.0%)	19 (0.9%)	3 (1.8%)	11 (0.7%)	0 (0.0%)
성폭력 범죄	30 (2.8%)	1 (0.9%)	65 (3.1%)	1 (0.6%)	41 (2.8%)	1 (0.8%)
정보 통신망 이용 불법정보 유통	23 (2.1%)	4 (3.4%)	67 (3.2%)	3 (1.8%)	35 (2.4%)	3 (2.5%)
정당한 교육 활동을 반복적으로 부당하게 간섭	34 (3.1%)	33 (28.4%)	93 (4.4%)	29 (17.0%)	58 (3.9%)	28 (23.1%)
기타	40 (3.7%)	6 (5.2%)	80 (3.8%)	18 (10.5%)	66 (4.5%)	7 (5.8%)
합계	1,081 (100%)	116 (100%)	2,098 (100%)	171 (100%)	1,475 (100%)	121 (100%)

		2022학년도(2학기)			2023학년도			2024학년도		
	침해주체	학생	보호자 등	전체	학생	보호자 등	전체	학생	보호자 등	전체
교육활동침해행위	상해폭행	180 (13.2%)	4 (4.9%)	184 (13%)	488 (10.4%)	15 (4%)	503 (10%)	502 (13.3%)	16 (3.5%)	518 (12.2%)
	무고							7 (0.2%)	5 (1.1%)	12 (0.3%)
	협박	38 (2.7%)	12 (14.8%)	50 (3%)	105 (2.2%)	35 (10%)	140 (3%)	67 (1.8%)	30 (6.5%)	97 (2.3%)
	모욕·명예훼손	776 (57.1%)	33 (40.7%)	809 (56%)	2,104 (44.8%)	117 (33%)	2,221 (44%)	980 (26.0%)	60 (13.0%)	1,040 (24.6%)
	손괴	9 (0.6%)	0 (0%)	9 (1%)	35 (0.7%)	6 (2%)	41 (1%)	19 (0.5%)	0 (0.0%)	19 (0.4%)
	성폭력 범죄	66 (4.8%)	0 (0%)	66 (5%)	125 (2.7%)	0 (0%)	125 (2%)	148 (3.9%)	9 (2.0%)	157 (3.7%)
	정보통신망 이용 불법정보 유통	16 (1.1%)	2 (2.4%)	18 (18%)	43 (0.9%)	13 (4%)	56 (1%)	53 (1.4%)	2 (0.4%)	55 (1.3%)
	공무 및 업무 방해	70 (5.1%)	9 (11.1%)	79 (5%)	133 (2.8%)	35 (10%)	168 (3%)	54 (1.4%)	43 (9.3%)	97 (2.3%)
교육활동침해행위	성적 굴욕감 혐오감 일으키는 행위	98 (7.2%)	0 (0%)	98 (7%)	334 (7.1%)	5 (1%)	339 (7%)	318 (8.4%)	6 (1.3%)	324 (7.7%)
	정당한 교육활동을 반복적으로 부당하게 간섭	38 (2.7%)	17 (20.9%)	55 (4%)	89 (1.9%)	72 (20%)	161 (3%)	35 (0.9%)	111 (24.4%)	146 (3.4%)
	정당한 생활지도에 불응하여 의도적으로 교육활동 방해				1,131 (24.1%)	16 (5%)	1,147 (23%)	1,224 (32.4%)	16 (3.5%)	1,240 (29.3%)
	영상·음성 등 촬영·녹화·녹음·합성 무단 배포	7 (0.5%)	0 (0%)	7 (0%)	36 (0.8%)	6 (2%)	42 (1%)	118 (3.1%)	4 (0.9%)	122 (2.9%)
	기타	60 (4.4%)	4 (4.9%)	64 (4%)	74 (1.6%)	33 (9%)	107 (2%)	59 (1.6%)	39 (8.5%)	98 (2.3%)
교육활동 침해 아님								189 (5.0%)	120 (26.0%)	309 (7.3%)
합계		1,358 (100%)	81 (100%)	1,439 (100%)	4,697 (100%)	353 (100%)	5,050 (100%)	3,773 (100%)	461 (100%)	4,234 (100%)

위의 자료에 의하면 학생에 의한 침해로는 '정당한 생활지도에 불

응하여 의도적으로 교육활동 방해'(32.4%)가 가장 많이 발생하였다. 보호자 역시 '정당한 교육활동을 반복적으로 부당하게 간섭(24.4%)' 하는 사안이 많음을 알 수 있다. 구체적으로는 자녀에 대한 교원의 언행 또는 태도를 문제 삼아 아동학대 신고를 하거나, 자신의 요구를 관철하기 위해 전화·면담 등을 통해 반복적으로 민원을 제기하고, 폭언 또는 협박하는 경우이다.

〈표 3〉 학생·보호자 등에 대한 조치 현황[3]

학년도	학생									보호자 등			
	조치없음	교내봉사	사회봉사	특별교육이수	출석정지	전학처분	퇴학처분	기타①*	합계	조치없음	형사처벌	기타②**	합계
2020	✕	156 (14%)	64 (6%)	121 (11%)	506 (47%)	80 (7%)	33 (3%)	121 (11%)	1,081 (100%)	✕	6 (5%)	110 (95%)	116 (100%)
2021	69 (3%)	296 (14%)	147 (7%)	226 (11%)	947 (45%)	195 (9%)	41 (2%)	177 (8%)	2,098 (100%)	26 (15%)	13 (8%)	132 (77%)	171 (100%)
2022 (1학기)	63 (3%)	221 (11%)	105 (5%)	170 (8%)	639 (30%)	141 (7%)	20 (1%)	116 (6%)	1,475 (100%)	53 (44%)	8 (6%)	60 (50%)	121 (100%)

학년도	학생										
	학교봉사	사회봉사	특별교육 또는 심리치료	출석정지	학급교체	전학	퇴학	조치없음	기타	침해아님	합계
2022 (2학기)	169 (12%)	100 (7%)	126 (9%)	649 (48%)	58 (4%)	143 (11%)	29 (2%)	59 (4%)	25 (2%)	✕	1,358 (100%)
2023	662 (14%)	491 (10%)	411 (9%)	2,116 (45%)	205 (4%)	492 (10%)	72 (2%)	142 (3%)	106 (2%)	✕	4,697 (100%)
2024	881 (23.4%)	715 (19.0%)	153 (4.1%)	1,044 (27.7%)	251 (6.7%)	328 (8.7%)	54 (1.4%)	130 (3.4%)	27 (0.7%)	190 (5.0%)	3,773 (100%)

---

3) 교육부, 2024학년도 교육활동 침해 실태조사 결과 발표(2025.5.13.보도자료)

학년도	보호자 등					
	사과	재발 방지 서약	조치없음	기타	침해아님	합계
2022 (2학기)	13 (16%)	10 (12%)	43 (53%)	13 (16%)		81 (100%)
2023	56 (16%)	61 (17%)	173 (49%)	52 (15%)		353 (100%)
2024 합계	171 (37.1%)	110 (23.9%)	39 (8.5%)	21 (4.6%)	120 (26.0%)	461 (100%)

위 자료를 보면 침해 학생에게는 '학교봉사, 사회봉사'가 늘어나고 있으며, 보호자에게는 '사과, 특별교육을 포함한 재발방지 서약' 등이 이루어짐과 동시에 '조치없음'이 감소한 것을 통해 일정한 대응책이 모색되고 있음을 알 수 있다.

〈표 4〉 피해교원 보호조치 현황[4]

학년도	심리상담	조언	치료 및 치료를 위한 요양	특별휴가 부여	법률상담	기타*	합계
2021	686 (30%)	471 (21%)	138 (6%)	474 (21%)	7 (0%)	493 (22%)	2,269 (100%)
2022 (1학기)	480 (30%)	245 (15%)	63 (4%)	391 (24%)	11 (1%)	406 (25%)	1,596 (100%)

학년도	심리상담 및 조언	치료 및 치료를 위한 요양	특별휴가 부여	법률지원	교사 희망으로 미조치	기타*	합계
2022 (2학기)	564 (39%)	84 (6%)	316 (22%)	12 (1%)	403 (28%)	60 (4%)	1,439 (100%)
2023	2,661 (40%)	712 (11%)	1,405 (21%)	79 (1%)	1,479 (22%)	363 (5%)	6,699 (100%)
2024	2,644 (56.3%)	463 (9.9%)	112 (2.4%)	2 (0.04%)	1,036 (22.1%)	440 (9.4%)	4,697 (100%)

위 자료를 보면, '심리상담 및 조언과 치료 및 치료를 위한 요양' 등

---

4) 교육부, 2024학년도 교육활동 침해 실태조사 결과 발표(2025.5.13.보도자료)

을 통해 심리적 어려움을 호소하는 피해 교원을 시급히 구제해야 함을 알 수 있다. 그러나 '교사 희망으로 미조치' 비율이 여전히 높은 것은 대부분의 교사들이 묵묵히 참아내는 상황임을 유추할 수 있다.

지난 9월 21일에 소위 '교권 보호 4법'이 국회 본회의에서 가결되었으며, 9월 27일에 개정되었다. 교권보호 4법은 「교육기본법」과 「초·중등교육법」, 「유아교육법」, 「교원의 지위 향상 및 교육활동 보호를 위한 특별법」 (이하 교원지위법) 등 4개 법률에 규정된 교원의 교육활동 및 교권 보호 관련 조항을 의미한다. 그러나 현장 선생님들의 체감도는 여전히 숙제이다. 우리는 서이초 교사의 죽음 이후 전주M초의 사례 등을 통해 여전히 학교현장이 보호되고 있지 못하다고 판단한다. 이때 외국의 교육활동 보호 정책[5]은 우리에게 주는 시사점이 있다.

첫째, 학교는 안전한 교육적 공간으로 그 누구든지 교사의 정상적인 교육활동을 침해하거나 방해하는 것은 용인하지 않는다는 기본적인 원칙을 견지해야 한다. 이를 위해서는 국가와 사회 모두의 협력시스템이 필요하다.

둘째, 교육활동 침해에 관한 과학적인 자료 수집과 분석을 주기적으로 추진하여 대안을 마련해야 한다.

셋째, 교육활동 침해 발생 시 해결 기반으로 할 수 있는 법적, 제도

---

5) 전제상,민윤경(2020). 교육활동 침해 예방 및 보호정책 사례 분석. 한국교원교육연구

적 정비가 필요하다.

넷째, 사안 발생시 대처보다는 예방을 위한 활동을 전개하는 것이 중요하다.

결국 사회적으로 '교육활동 침해는 절대 불가하다'는 기본 원칙에 근거하여 대처할 필요가 있으며, 현장의 실제 자료에 근거하여 대안을 마련하되 발생 후 조치보다는 예방 교육에 집중하는 것이 시급하다.

이제 현장 선생님들의 의견을 들어보자.

- 상습적 민원이 어떻게 교육기능을 마비시키고 공동체를 무너트리게 되는지 상세히 규명하여, 더 이상 건강한 공동체를 해하지 못하도록 법적 제도적 장치를 마련해 가야 할 것입니다.
- 교원의 정당한 교육활동에 해당하는 훈육, 지도 등에 대하여 아동복지법 상 정서적 학대임을 주장하며 고소, 고발하는 사례가 급증하고 있습니다. 전국교직원노동조합(2022)의 '아동학대 사안 처리과정 실태조사'에 의하면 조사 대상 교사(6,243명) 중 61.7%가 '아동학대 신고를 받거나 동료교사 사례를 본적 있다'고 답변하였고, 92.9%가 '자신 역시 아동학대로 의심받아 신고 당할 수도 있다는 생각을 한적이 있다'고 답변하였습니다.

- 악성민원 대책을 학교가 아닌 교육청, 교육감이 해결하는 체제와 시스템 구축이 필요하며, 정부차원의 교육활동 침해에 대한 원칙의 제정이 요구됩니다.
- 수업 방해 및 정서 위기 학생의 학교내 분리 지도를 위해서 위기 학급을 운영하면 좋겠습니다.
- 학교와 교원에 대한 신뢰가 무너지고 학교가 적어도 물리적 정서적으로 안전한 곳이라는 사회적 믿음이 깨져서 생기는 지금의 문제가 시스템 보강으로 해결되지는 않을 것 같아요. 제도적 보호장치도 필요하겠지만, 교원들의 자존감, 효능감을 키우기 위한 지원이 우선되어야 할 듯 합니다.
- 학교가 대화, 관계, 만남의 장이 되도록 학교회복 프로젝트 추진했으면 합니다.

전북 학교현장의 안정성을 위해 우리는 어떤 모색을 할 수 있을까? 바로 '모두를 위한 교육활동보호 안전망'을 구축하는 일이다. 그것은 학교와 교육을 제자리로 돌려놓는 회복의 길이 될 것이다.

첫째, 민원 신속 대응팀을 운영하여 교육행정사무 안정화를 추진해야 한다. 학교를 보호하고 안정적인 교육과 행정이 이루어지려면 전문가 집단의 일관된 대응이 필요할 것이다. 학교는 상담이 이루어지는 곳으로 보호하고, 전문팀이 지속된 민원과 악성 행위를 맡아 단호하게 대처해야 한다.

둘째, 교원 소송에 대해 국가책임제를 도입하여야 한다. 즉 교육활동 침해 등에 있어 소송의 주체를 교원 개인이 아닌 교육감으로 격상해야 한다는 것이다. 교사들이 겪고 있는 가장 큰 두려움이 정당한 교육활동을 수행했음에도 아동학대 등으로 본인이 소송에 휘말리는 상황이다. 학교와 교원을 상대로 한 소송은 개인의 문제가 아니다. 이제는 국가와 사회가 책임져야 한다. 교육감들이 나서서 이 문제를 공론화하고 국회 입법을 추진해야 할 것이다.

셋째, 전북교육인권교육센터의 역할을 확대하고 모든 학교에는 수업방해, 정서위기 학생들이 잠시 머물 수 있는 '존중공간'을 구축하고 운영하여야 한다. 전문 교권 변호사 등의 인력을 확충하고 든든한 안전망으로 작동할 수 있도록 센터의 역할을 심도 깊게 운영해야 한다.
수업방해 학생의 분리와 폭력행사 학생에 대한 물리적 제재 허용은 교사의 권리를 보호하고 다른 학생의 학습권을 보장하기 위해 세계 대부분의 나라에서 보편적으로 허용하는 제도이다.[6]

---

6) 이덕난(2023). '교권보호 4법'의 의미와 외국의 관련 사례. 행복한교육

미국 루지애나의 경우 교사권리장전을 마련하여 가르칠 권리, 학생을 훈육할 권리, 수업을 방해하는 학생을 교실에서 퇴장시킬 권리 등을 규정하였다. 영국의 경우 교사에게 학습자를 훈육할 수 있는 권한이 부여되어 있다. 학습자를 별도의 장소로 이동조치, 부적절한 물품 압수, 제재를 위해 합당한 물리력 사용 등의 권한을 명시하였다, 독일의 경우 교사의 수업권과 학생의 학습권은 주 (州) 「학교법」에 따라 보장된다. 교사는 수업, 학생 훈육, 상담, 평가, 감독, 돌봄에 관한 자율권을 지니고 있다. 일본의 경우 학교의 질서유지와 다른 학생의 학습권 보장을 위해 '출석정지' 제도를 운영하고 있다. 품행불량으로 교육에 방해가 되면 학생의 출석정지를 명할 수 있다. 핀란드의 경우 「기초교육법」은 "수업 방해, 학교 질서 침해 등을 행한 학생에게 2시간 이내에 방과 후에 남게 하거나 서면경고, 중대한 경우 최대 3개월의 기간 동안 정학처분을 할 수 있도록" 규정하였다. 또한 "교장 및 교사가 교실 등의 공간이나 학교가 주최하는 행사에서 중대한 문제행동을 한 학생에 대해 떠나라는 명령을 내릴 수 있도록" 규정하였다.

문제는 법 만능주의에 빠져서는 안된다는 것이다. 적어도 학교가 사법화되는 것을 막으려면 학교는 학교가 할 수 있는 일을 해야 한다. 이런 학생이 발생시 잠시 심신의 안정을 찾을 수 있는 공간을 마련하면 어떨까? 바로 모든 학교에 '존중 공간'을 설치하고 운영하는 것이다. 기존의 상담실이 이런 존중의 공간이 될 수도 있다.

전북의 학교현장이 회복의 공간이 되었으면 한다. 모두가 속도와 현상에만 매몰될 때 전북의 학교들은 모두가 잠시 멈추는 관용과 성찰이 문화적으로 일어났으면 한다. '나는 너와 무관하지 않다.', '우리는 모두 상호의무의 거미줄에 걸려있다.'는 생각이 파급되었으면 한다. 새로운 교육생태계를 구축하고 완성하고 실현해 가는 길이 우리 앞에 펼쳐질 것이다.

2. 민주공화시민교육 활성화

첫째, 왜 '민주공화시민교육'인가?

우리는 지난 12.3 내란을 겪으면서 민주주의를 파괴하려는 자들과 직면하게 되었다. 민주주의가 무너지는 수많은 징후들이 보이던 끝에 결국 비상계엄이라는 반헌법, 반법률적인 경악스러운 상황을 맞이하게 된 것이다. 이전부터 스티븐 레비츠키는 『어떻게 민주주의는 무너지는가』에서 오늘날 민주주의의 위기는 제도 내부에서 시작된다고 경고해왔다. 대의제가 왜곡되어 권력자가 법과 제도를 자의적으로 해석하며 상대를 적으로 규정하고, 정치적 양극화가 증폭될 때 민주주의는 위기를 맞는다. 민주주의를 지탱해온 상호 관용과 자제라는 가치적 규범이 무너질 때, 민주주의는 외형만 남고 내용은 사라진다. 그래서 헌법재판소의 대통령 파면 결정문에서도 이 관용과 자제를 핵심으로 밝혀두었던 것이다.

그럼에도 우리는 시민들의 저항 덕분에 다시 위기를 넘어 새로운 기회를 맞이하게 되었다. 그것은 다름 아닌 '민주주의와 공화주의가 강력하게 결합된 민주공화국'을 운영하는 것이다. 교육적으로는 '민주공화시민교육'을 통해 민주시민으로서의 성장과 삶을 회복해 가는 것이다. 그동안 민주시민교육은 주로 자유와 권리를 보장하는 측면에 초점을 맞춰왔다. 이제는 타인들과 만나 대화하고 서로 다른 의견을 조율할 수 있는 공화교육과 연결되어야 한다. 즉 자신의 주장만을 정당화하는 능력에서 다른 사람의 의견을 경청하면서 능동적으로 참여할 줄 아는 시민성으로 보완해야 한다. 아리스토텔레스는 이렇게 말했다. '정치란 공동체 시민의 덕을 기르는 것이다.'

민주공화국은 민주와 공화의 두 기둥으로 이루어진 집이다. 민주주의는 불가피하게 개인의 권리 및 이익이 상호 충돌하는 상황을 만들어왔다. 공화[7]란 것은 함께 존재하는 공동체의 목표와 가치가 무엇인지 돌아보는 데서 시작하는 것이다. 즉 목적을 생각한다는 것이다. 학교로 본다면 아이들 교육에 도움이 되는가가 바로 그 목적이 될 것이다. 이제는 개인의 이해와 공동체의 이해를 어떻게 조화시킬 것인가를 생각하는 관점이 필요해진 것이다. 아리스토텔레스의 표현을 다시 빌리면 '피어나는 꽃처럼 자아를 실현하면서도 공동체의 미래를 염려하는 시민'인 것이다.

민주주의는 결코 완성된 체제가 아니다. 민주주의가 맞는 이 위기의 순환에서 교육이 역할이 더욱 절실해진다. 『민주주의의 위기 시대, 교육의 응답』(이혁규·안데르스 숄츠)은 자존감, 공감, 공화주의,

---

7) 마이클센델은 '민주주의의 불만'에서 공화주의 정치는 단순히 시민들의 이익이 아니라 시민들의 정체성에 주목하며, 특정한 형태의 공적 생활과 목적을 시민들의 덕성으로 형성될 수 있게끔 노력한다고 주장한다. 즉, 샌델에게 있어 인간이 본질적으로 자유로울 수 있는 유일한 경우는 공동선에 대해 숙고하고 공화국의 공공 문제에 참여할 때로 한정되는 것이다.

민주시민교육, 공공적 책임이라는 다섯 가지 가치를 강조한다.[8] 이것들은 민주주의라는 정원을 가꾸는 바탕이 된다. 존중받는 경험에서 자존감이 생기고, 타인을 동료 시민으로 인정하는 공감이 싹트게 된다. 공화주의는 공동체에 대한 사랑을 바탕으로 균형적 삶을 추구하고, 민주시민교육은 의무와 책임을 배우는 과정으로 성숙해진다. 결국 공공적 책임을 추구하는 시민의 덕을 기르는 교육이 핵심이다. 이것만이 민주주의를 유지하고 지켜낼 수 있는 가장 평화적이고 지속적인 길이다.

　민주공화시민교육은 '시민이 주권자로서 자신의 권리와 의무를 인식하고, 민주적 절차와 규범속에서 능동적으로 참여할 수 있도록 역량을 길러주는 교육'이다. 그 핵심내용으로는 주권자로서 민주주의를 지킬 수 있는 가치학습, 시민으로 공동체속에서 책임감 있게 행동하고 다양한 의견을 존중하며, 민주적 절차를 실천하는 태도 및 역량을 함양하는 것이다. 이제 '민주공화시민교육'을 향해 나아갈 때이다. 민주공화시민교육을 통해 우리는 협력하는 민주시민, 책임지는 생태시민, 분별력있는 디지털시민 등으로 성장하는 전북교육을 그려볼 수 있다. 전북교육의 회복은 가장 민주적인 생각으로 가장 공화적인 방법으로 우리 모두가 민주공화시민으로 거듭날 때 다가올 것이다.

---

8) 이혁규, 안데르스 슐츠(2025). 민주주의 위기 시대, 교육의 응답. 에듀니티

둘째, 지속가능한 전북교육을 위해 '전북미래교육위원회(가칭)'를 구성하고 실행하자.

유네스코의 〈교육의 미래〉보고서는 다음과 같은 질문을 던진다.[9]

우리가 계속해야 할 것은 무엇인가?
우리가 중단해야 할 것은 무엇인가?
창조적으로 새롭게 만들어내야 할 것은 무엇인가?

거버넌스가 현대사회에서 사회혁신의 도구로서 주목받고 있는 것처럼, 교육거버넌스도 미래교육을 위한 교육혁신 도구로 주목받고 있다. 교육거버넌스는 이런 점에서 미래교육을 위해 창조적으로 새롭게 만들어내야 할 것 가운데 하나일 것이다.

한 지역의 교육은 교육청의 정책과 역량에만 달려있는 것이 아니다. 상호연결망과 긴장 관계를 통해 민주주의와 공화주의가 결합된 형태로 가려면 교육도 거버넌스와 네트워크가 반드시 필요하다. 교육 4주체인 학생, 학부모, 교직원, 지역사회 모두가 참여하는 '전북미래교육위원회'가 그 역할을 할 수 있다. 이 위원회는 전북의 학생들을 중심으로 사고하고 전북에서 좋은 삶을 살아갈 수 있는 미래교육의

---

9) 유네스코 국제교육위원회 교육보고서(2022). 함께 그려보는 우리의 미래. 유네스코.

가치와 기반을 위한 실천적 역할을 다해야 한다.

전북은 학령인구 감소 속도가 빠르고 농산어촌 비중이 60% 이상으로, 지역 간 학교 규모 양극화와 교육격차가 크다. 특히 군 단위 지역의 고교 선택권이 제한되어 있는 구조적 문제가 있다. 전북특별자치도 출범을 계기로 농생명 · 탄소소재 · 첨단 모빌리티 · RE100 기반 산업 육성이 가속화할 전망이나, 지역대학 · 학교와의 협력 구조는 미비하다. 전북대 · 원광대 중심의 대학 구조로 정원 미충원과 수도권 쏠림으로 지역 고등교육 생태계 유지가 위태로우며, 여기에 산학협력 기능은 있으나 고교-대학-지역산업 간 연계 모델이 부족한 실정이다.[10]

그래서 전북에는 단순 '위원회'가 아니라, 교육-산업-지역 · 행정을 통합 조정할 상설 거버넌스가 반드시 필요하다. '전북형 미래교육위원회'가 그 역할을 해야 한다. 전북특별자치도 전략과 연계되는 교육로드맵을 만들 주체가 필요하다. 청년 · 인재 유출을 막기 위해 교육-일자리-지역발전 연계가 필수적이며, 농산어촌 특화 미래교육 모델을 개발하고 지역산업 생태계와 연결되는 인재 양성 체제를 설계하여, 전북이 강점을 갖는 분야 중심의 혁신 모델을 창출해야 한다.

그동안 교육거버넌스는 교육청과 교육지원청의 정책을 보좌하고

---

10) 출처: https://www.jeonbuk.go.kr

지원하는 형태로 운영되었다. '지역없는 교육자치'라는 한계에 부딪힌 상황에서 앞으로는 10년~20년을 내다보는 지역교육의 전망을 모색하는 의제 발굴이 필요하다. 특히 전북과 같이 소멸예정으로, 떠나는 지역이 되어버린 상황에서는 좀 더 강력한 전망 제시가 있어야 한다, 그것은 우리 학생들이 우리 지역의 어른들과 지역사회의 보살핌과 교육속에 자라게 하는 것이다. 또 선순환을 일으켜 우리 지역을 책임지는 어른들로, 시민으로 살아가게 하는 것과 관련된다.

우리 전북지역에는 풀뿌리 교육네크워크가 많이 있다. 14개 시군마다 건강한 네크워크가 있는데, 완주의 고산향교육공동체, 군산 회현의 너나들이 공동체, 전주에는 교육통합지원센터라는 중간조직 등이 활동하고 있다. 전북미래교육위원회는 이러한 풀뿌리교육 중간조직들과의 연대와 협력을 통해 일을 풀어가야 한다. 상층에만 존재하고 현장이 없는 조직이 되어서는 안된다.

특히 유네스코 보고서에서는 미래를 교육을 위한 새로운 계약을 맺자고 제안한다. 이 새로운 사회계약은 인권에 근간을 두고 차별금지와 사회정의, 생명 존중, 인간 존중 및 문화 다양성에 기초해야 한다. 또한 돌봄의 윤리, 호혜주의, 연대를 포괄해야 하며, 공동의 사회적 노력(shared societal endeavours)이자 공동재(common good)로서 교육을 강화해야 한다. 이러한 숙제는 거버넌스적 위원회에서 고민해가야 한다.

2025년 10월말 경주에서 열린 아시아태평양경제협력체(APEC) 정상회의를 보면 우리는 몇가지 시사점을 얻을 수 있다. 한국이라는 나라가 권력의 주체들을 한자리에 모이게 한 집합능력이 그것이며, 의제를 선정하고 제안하는 기획능력과 이것이 가능하게 한 한국정부의 지식능력이 있었다는 것이다. 즉 미,중을 한자리에 서게 하는 장을 제공하여 세계 평화라는 의제를 중심으로 논의하고, 경주선언[11])을 통해 '연결·혁신·번영'을 기본 틀로 무역·투자, 디지털·혁신, 포용적 성장 등 APEC의 핵심 현안에 대한 주요 논의를 포괄했다. 물론 이것들이 가능하게 하는 k-지식이라는 바탕 틀이 있었다는 것이다. 이러한 능력이 바로 미래의 능력일 것이다. 이것을 전북미래교육위원회의 향후 모습으로 연결지어 보면 좋을 일이다.

국가교육위원회가 교육부와 별개로 국가 교육에 대한 중장기 전망과 사회적 합의를 해가야 하는 것처럼 우리 전북교육의 지속가능함을 선제적으로 고민하는 협의체가 필요하다. 이러한 위원회는 사회적 실험과 상상력을 발휘할 수 있는 논의틀이 되어야 한다. 바로 '전북미래교육위원회'가 그 역할을 할 것이다.

---

11) 출처: https://www.news1.kr/diplomacy/defense-diplomacy/5961564

셋째, 지방자치단체와의 협력을 통해 '전북민주시민교육지원센터 (가칭)'의 설치 및 운영이 필요하다.

지난 2021년 전북지역 선생님들의 교과연구회인 '민동'에서 실시한 민주주의 설문조사는 그 결과와 제안이 지금 상황에서도 매우 진보적이고 유의미하다. 그러나 분석과 대안 제시를 통해 요구한 것들이 전혀 개선되지 않았거나 도리어 후퇴했다. 이 조사는 교사 525, 학생 461, 학부모 663명 등 총 1,649명이 참여하였다.[12)]

위 설문조사에 의하면, 학부모들의 62%가 민주시민교육관련 연수를 받아본 경험이 없다고 응답했다. 학교에서 의도를 가지고 민주시민교육관련 연수를 계획하지 않은 이상 학부모들은 민주시민교육과 관련된 연수를 경험할 수 없다. 교사들 역시 민주시민교육에 대한 교사 전문성 확보가 시급하다고 말한다. 교사가 겪어보지 못하고 지도하기에 부담이 있다는 이야기다. 지식수업보다 다양한 경험을 학교 행사와 학교를 벗어나 다양한 곳에서 체험할 수 있도록 교육과정에 반영되기를 원한다. 또한 지역 자원을 활용하거나 지역 사회와 연계한 민주시민교육 운영에 응답 비율의 30%는 어려움을 느끼고 있다.

2016년 제정, 2019년에 전부 개정한 「전라북도교육청 학교민주시민교육 진흥 조례」에 근거하면 학교는 민주시민교육을 실시하여야

---

12) 전라매일신문, 전북 민주시민교육에 대한 설문 조사, 2021.10.06.

하며 그 책임은 교육감에게 있다.

> **제 1조(목적)** 이 조례는 전라북도에 있는 학교에서 민주시민교육을 체계적으로 실시하는 데 필요한 사항을 정함으로써 「교육기본법」 제2조의 목적을 달성하고 학교 시민이 성숙한 민주시민이 되고 민주주의가 발전하는 데 이바지함을 목적으로 한다.
> **제 3조(교육감등의 책무)** ② 학교의 장은 민주시민교육을 실시하여야 한다.

그러나 학교가 민주시민교육을 담당하는 데에는 한계가 있다. 거버넌스로서 중간지원조직 형태로 민주시민교육지원 센터가 설립되어 지역사회, 교사, 학부모, 학생들의 민주시민교육 및 실천 활동을 지원해야 한다.

서울특별시는 민주시민교육을 활성화하고 민주시민으로서 지녀야 할 권리와 책임 의식 함양을 목적으로 2014년 제정된 「서울특별시 민주시민교육에 관한 조례」에 근거, 서울지역 민주시민교육 전담 기구로 2017년 '서울시 생활속민주주의학습지원센터'를 설립했다. 민주시민교육을 시민사회 주도로 창의적이고 전문적으로 추진할 수 있도록 협치형 민간위탁으로 운영되고 있다. 서울 시민의 일상 속 민주적 시민성 실현을 비전으로 서울 시민이 삶 속에서 민주주의 의식을 함양하고 생활 속에서 민주주의를 실천할 수 있도록 시민 공론 촉진 및 역량 강화, 민주시민교육 및 실천 활동 지원, 민주시민 교육의 기반 조성과 저변 확대를 위한 네트워킹 강화 활동 등 다양한 사업을 하고 있다.

경기도는 지난 2018년에 경기도평생교육진흥원안에 '경기민주시민교육지원센터'를 설립하고, 2020년에 용인, 화성, 파주, 광명, 군포의 5개 시군에 민주시민교육센터를 세우고 시범 운영하였다. 청소년 노동인권 교육사업, 평화교육 시민학교, 체험형 시민교육, 지역갈등 관리 전문가 양성과정 등을 활발히 전개하고 있다. 특히 도내 취약계층 청소년 대상으로 해외문화탐방을 통해 자기개발 동기부여 및 세계시민의식 함양 기회를 제공하기 위한 경기청소년 사다리 사업을 펴오고 있다.[13]

외국의 사례를 보면 독일연방정치교육청(BPB)은 정치교육프로그램을 통해 학생들이 민주주의와 인권, 사회적 책임등에 대해 배우고, 다문화 사회에서 공존과 협력을 이해하도록 돕고 있다. 예를 들어 '민주주의를 실천하라!'는 프로그램은 학생들이 다양한 문화적 배경을 가진 사람들과 협력하고, 사회적 참여와 책임감을 키울 수 있는 기회를 제공한다.[14] 바로 중앙 정부 차원의 '민주시민교육센터'라고 할 수 있다.

---

13) 출처: https://www.gill.or.kr/gill/index.do, 서울특별시 생활속민주주의학습지원센터는 2017년에는 흥사단이, 2019년부터는 징검다리교육공동체가 수탁운영하고 있다.

14) 출처: https://www.demokratie-leben.de 경기도가 운영하는 경기도평생교육진흥원은 경기미래교육캠퍼스 파주본주, 경기미래교육캠퍼스 양평본부, 민주시민교육지원센터 등의 조직으로 구성된 평생교육 기관이다.

학교 민주시민교육의 담당자는 교사 뿐만 아니라 모두가 그 주체이어야 하듯이 지역공동체, 지역 시민사회가 학교와 학생들에게 다가갈 수 있는 방법을 모색해야 한다.[15] 즉 학교의 자원과 함께 지역사회 및 학부모들과 연계하고 지역 시민사회의 역동적 실천경험과 연계, 협력을 확대해야 한다. 이것이 학교 교과 지식을 활용하는 것은 물론, 교실에서 교과서가 갖는 한계를 극복하는 길이 될 것이다.

넷째, 민주주의와 생명생태교육의 가치를 담아가자.

민주주의적 관점에서 학교 교육의 내용적 고민이 필요한 시점이다. 결국 학교가 어떤 가치를 담아야 할까?이다. 바로 민주주의와 생명이다. 먼저, 학교민주주의는 누가 더 편하게 권리를 누리기 위한 장치가 아니다. 그것은 곧 우리의 삶과 배움이 일어나는 터전을 지배하는 원리이어야 한다. 미래교육 의제 중 첫 번째가 '모든 학교의 민주시민교육 과정화'하는 것이다. 민주시민 양성이라는 말이 구호나 선언이 되어서는 안된다는 뜻이다. 이제라도 학교의 모든 교육과정은 민주시민을 성장시키기 위한 형태로 재조직되어야 한다.

특히 생명 생태교육은 인간과 자연의 공존, 생명 존중, 환경 보호

---

15) 전북특별자치도 역시 고도화된 민주주의 사회를 만들기 위한 청사진을 그려 나가고 있다. '전북자치도 민주시민교육 중장기 종합발전방안 연구용역'을 올 10월에 시작하였는데, 이는 2026~2030년까지의 전북 민주주의 시민교육에 대한 로드맵을 기획하고 있다. 협력과 상상력의 모델이 기대된다.

등 생태적 가치와 실천을 중시한다. 미래지향적 교육생태계 조성에서는 생명 존중, 상생, 자아실현, 과학기술 적응 등 다양한 교육적 가치가 강조된다.

민주주의와 생명 생태교육은 민주적 의사결정, 상호존중, 책임의식을 바탕으로 생태적 실천과 시민의식을 함께 키우는 데 시너지를 낼 수 있다. 이때 생명 생태교육을 위한 센터가 있다면 얼마나 적절할까? 늦은바가 있지만 좀 더 체계적인 생태, 생명, 환경교육을 도울 전문가그룹과 기관을 구성할 필요가 있다.

민주주의는 인류 보편의 가치이다. 그 안에 인간의 존엄, 모두의 존엄, 평등한 존엄, 불가침의 인권, 자유와 자율, 존중, 연대, 공동선, 정의 등등 우리가 누리고 추구해야 할 보편적 가치, 헌법적 가치들이 있다. 학교가 이러한 보편적 가치를 주제로 삼아 교과통합적으로 교육과정을 재구성하고 수업으로 만들어가기 위한 노력을 해야 한다. 그리고 학교라는 공간, 그 안에서의 관계, 학교의 모든 것을 이러한 민주주의 관점에서 바라보고 해석하고 창조해나가야 한다. 가장 좋은 방법은 민주주의를 배우고, 민주주의를 통해 배우고, 민주주의적으로 배우는 것이다. 아이들이 살아가기를 원하는 미래가 있다면, 그 준비는 지금 그렇게 살게 하는 것이다.

날씨는 기분에 지나지 않지만 기후는 성품이 바뀌는 것이라는 말이 있다. 기후변화의 심각성에 관한 이야기이다. 스웨덴 학생 그레타

툰베리가 눈물로 호소한 유엔총회 연설을 기억할 필요가 있다. "왜 아무런 행동을 취하지 않나요?" 더 이상 거대한 소비가 전 지구적으로 향해지는 것을 묵인해서는 안된다. 우선은 쓰레기와 플라스틱 사용을 줄이는 급한 문제에서 출발하지만, 지속가능한 생태계를 위해서는 생명에 대한 관점이 다시 서야 한다. 새로운 생명 사상은 타자와의 상호 관계에 대한 철학적 인식이다. 타자에는 인간 이외의 것들이 당연히 포함되어야 한다. 그것이 소비문화를 극복하고 '정의로운 전환'을 통해 구체적으로 나타나야 한다. 결국 생명 사상은 민주주의의 철학적 근간인 존엄, 존중에 대한 인식이 더욱 깊어진다는 것으로 연결된다.

학교의 민주주의를 넘어 생태적 민주주의로 간다는 것은 무엇일까? 그것은 학교의 시공간에 존재하는 모든 존재들의 고유성과 독특성이 발현되도록, 어떤 존재도 차별받거나 배제당하지 않도록 인간 존재인 학교구성원들이 적극적으로 실천하는 과정을 말한다. 즉 회복하는 전북교육이 지향해 가야 할 새로운 생태계이다.

3. 학교자치 회복

첫째, 학교자치란 무엇인가?

2019년 2월 1일 '학교 교육의 주체에게 학교 운영에 참여할 수 있는 권리와 권한을 보장함으로써 민주적인 학교 공동체 실현과 건강한 배움과 성장의 학교 문화 조성'을 목적으로 전라북도조례 제4614호로 '학교자치조례'가 제정되었다.

학교 자치에 대한 개념에 있어 핵심 키워드로 분권, 자율성, 권한과 책임을 들고 있다. 전북교육청은 이미 오래전에 학교자치의 개념을 '단위학교가 자주적으로 결정하고 실행하며, 또한 그 결과에 책임을 지는 것'이라고 제안한 바 있다. 이는 문재인정부의 '학교의 고유한 교육과정 운영'이라는 말과도 닿아있다.

〈표 6〉 학교자치 개념 비교

학교자치 회복	학교자치 개념	강조된 개념
김홍희 (1999)	학교에 정서적, 인식론적, 동기부여 등의 과정을 통한 학교의 질 향상을 위해 권력이양, 분권화된 권한, 책임경영제의 도입 등을 내용으로 하는 하나의 학교자치경영모델	권력이양 분권 책임경영제

학교자치 회복	학교자치 개념	강조된 개념
이기우 (2006)	교육공동체인 학교가 교육주체인 교사·학생·학부모의 참여하에 학교수업과 학교생활에 관해 외부로부터 부당한 간섭을 받지 않고 자기 책임 하에 결정하고 분권적으로 수행하도록 하는 학교조직의 원리	교육공동체 책임, 분권 학교조직
경기도교육청 (2016)	학교에서의 모든 의사결정은 학교를 구성하고 있는 교사·학생·학부모·지역사회인 교육공동체에 의해 민주적으로 이루어질 수 있도록 자율권을 보장하는 것	교육공동체 민주적 자율권 보장
전북교육청 (2016)	단위학교가 학교교육 운영에 관한 권한을 갖고, 학교 구성원들이 교육 운영과 관련된 일을 자주적으로 결정하고 실행하며, 또한 그 결과에 책임을 지는 것	권한 학교구성원 결정, 책임
문재인정부 (2017)	단위학교가 학교교육 운영에 관한 권한을 갖고, 구성원들이 학교의 고유한 교육과정을 구성·운영·평가하는 과정에 함께 참여하여, 그 결과에 책임을 지는 것(학교민주주의와 동일시)	권한, 참여 책임

학교자치 논의는 주로 교육행정적(Administration), 교육공학적(Management)으로 접근해 왔었다. 그러나 2016년 이후에는 '민주적으로 이루질 수 있도록', '자주적으로 결정하고 실행', '학교의 고유한 교육과정을 구성·운영·평가하는 과정에 함께 참여하며' 등으로 그 개념이 좀 더 현실적이고 학교의 특성을 반영하는 쪽으로 변화하였

음을 알 수 있다.

자율성, 책임과 규제의 키워드는 자치가 갖는 속성상 의미가 있음에도 불구하고 그동안에는 주로 권한 행사에 맞춰져 있었다. 그러나 자율, 책임, 규제(욕구조절)는 민주주의의 원리로 이제는 학교민주주의라는 철학과 실천으로 접근할 문제이다. 권한 행사를 넘어서는 민주시민으로서의 성숙함이 필요한 것이다.

앞으로 학교자치라는 개념을 명확히 하는 일은, 학교현장의 문제와 해결을 중심으로 실천적으로 정의해 가야 한다. 이제 학교자치를 제도의 측면을 극복한 학교민주주의의 구현, 완성으로 만들어가야 할 것이다. 그럴 때 학교자치의 표준화라는 위험성을 막는 일이 가능해질 것이다. 언제까지 교육부와 교육청의 공문과 메뉴얼에 의해 평균적이고 표준화된 제도를 만들어 갈 것인가? 우리의 즐거운 상상력으로 결손민주주의를 뛰어넘어야 하지 않겠는가?

대부분 사람들이 정치를 '한정된 지위, 권력, 재화, 상품을 공평하게 분배하는 것'이라고들 정의한다. 그러나 아리스토텔레스는 정치란 '덕이 있는 시민들을 길러내는 것'이라고 말한다. 한 공동체의 지속가능함과 구성원의 행복(좋은 삶)은 결국 덕성있는 시민들의 참여로만 가능하다는 뜻이다. 이 참여를 통해 세상을 바꾸고 그 안에서 존재의 덕을 함양하는 과정이 바로 정치라는 것이다. 위의 말에서 정치를 자치로 바꿔보자. **'자치란 민주시민으로서의 자질을 참여를 통**

해 길러가는 것'이다. 그렇다면 학교자치란 **학교구성원들이 참여를** 통해 자아실현과 함께 공동의 가치를 추구해 가며, 민주시민으로 성장해 가는 일인 것이다.

그렇다. 핵심은 민주주의이다.

"학교내 교육 주체들은 정말 동등한가?" 이 질문에서 제기하고 있는 것은 바로 시민의 탄생이다. 시민성이 부재한 학교자치, 민주시민 없는 민주주의는 기형적이다. 민주시민은 민주시민에 의한 민주시민 교육을 통해 길러지는 것이다. 그래서 민주주의는 名詞가 아닌 動詞이다

이렇게 학교민주주의로, 민주시민으로의 성장으로 바꾸어 보면 결국 **학교자치란 학생들을 교육과 학습의 주체로 세우는가, 보장하는가, 성장하게 돕는가 인 것이다.** 선언적인 구호에서 실직적인 보장으로 나아가야 한다는 것은 바로 학교가 민주주의 배움터가 되어야 한다는 사실을 말한다.

학교자치, 학교민주주의의 가장 근간이 되는 곳은 바로 교실이다. 그리고 수업이다. 학생과 교사에 대한 존재적 성찰, 지식에 대한 의심, 배움에 대한 새로운 접근, 상호작용의 확대, 협력을 통한 서로의 성장이 이루어지는 곳이 바로 교실이고 수업이어야 한다. 그러기 위해서는 성찰하는 전문가 집단이 필요하다. 당연히 교육자들이다.

학교자치는 일상과 삶의 문화가 만들어져가는 방식으로 길러져야

한다. 우리는 그것을 형성적 기획 또는 형성적 교육이라고 한다. 100 년전, 존 듀이는「민주주의와 교육」에서 민주시민교육에 대해 이렇게 말한다.[16]

민주시민교육은,

① 의도적이고 체계적인 교육이 되어야 한다.

② 외적 권위에의 복종보다 자발적인 성향과 관심을 길러야 한다.

③ **민주주의는 공동생활의 형식일 뿐만 아니라 경험을 공유하는 방식으로 운영되어야한다.**

④ 상호작용과 사회와의 접촉을 증가시켜 개인의 행동을 다양화시켜야 한다.

⑤ 그릇된 사고방식이나 가치관으로 인해 혼란스러운 상황을 최소화할 수 있도록 모든 구성원이 지적인 기회를 균등하게 가질 수 있도록 배려해야 한다.

⑥ 좁은 사회 집단에 한정짓지 않고 인류의 공동 관심사를 추구하고, 사람들을 결속시켜야 한다.

특히 위 3항은 민주주의는 형식만이 아니라 경험을 공유해야 한다고 말한다. 이것을 연결해보면 학교자치란 조직과 형식, 선언이 전부가 아닌 그 형식에 담길 아름다운 실천 경험에 있다는 것을 알 수 있다. 또한 우리는 민주주의 교육이 상당한 목적성을 가지고 의도적으로 꾸준히 행해져야 함을 알 수 있다. 바로 형성적으로 기획해 가는 것이다. 또 다양한 접근, 경험의 공유, 지성의 형성을 통해 민주시민

16) 존듀이(2007)『민주주의와 교육』나아가 배려와 연대를 통한 인류애를

지향해야 한다는 것이다.

분명히 하자. 학교 자치란 민주시민교육을 잘하기 위한 생활 바탕을 만드는 일임을. 민주주의가 인간이 발명한 제도중에 가장 적절한 이유는 인간에 대한 존중, 타자에 대한 환대를 담고 있다는 것이다. 그래서 학교 자치를 환대와 존중[17]으로 실천 개념화 할 수 있을 것이다.

둘째, 회복하는 전북교육, 학교자치와 함께 시작하자.

전북교육의 회복을 위해 다시 한번 학교자치의 밑그림을 그려가자.

가. 학교자치는 수업과 교육과정 운영의 자율성과 구성원의 성장을 목표로

학교자치는 학교가 본질적인 교육활동을 해 가도록 더 민주적이고 더 자율적인 터전을 만들기 위해 필요한 것이다. 본질적인 활동이란 바로 수업이며 교육과정 운영이다. 수업으로 성장하지 않는 학교자치는 조직도에 지나지 않는다. 또 교육과정 운영에 있어 민주성과 자율성을 담아내지 않는 학교자치는 형식에 불과하다.

그러나 학교자치가 제대로 되는 학교는 배움과 성장이 일어나는 우정의 공동체가 될 수 있다. 즉 배움이 교사와 학생, 학생과 학생, 마

---

17) 우리가 교문 앞에서 학생들을 맞이하는 행위, '야', '너', '몇번'이 아닌 이름으로 아이들을 불러 주는 행위, 어떤 학급에서는 서로 '님'이라고 존칭어를 사용하고, 의례가 일방적으로 강요되는 것이 아닌 상호의례(인사 등)임을 실천하는 작은 것에서부터 학교민주주의는 시작된다. 우리는 그것을 환대라고 한다. 절대적이고 무조건적인 타자의 인정이 바로 존중이고 환대이다.

을과 학교 등의 상호작용이라는 개념으로 바뀌게 된다. 교사는 단순히 가르치는 자가 아니며 학생도 그저 배우는 자가 아니다. '즐거운 배움으로 함께 성장하는 우리'가 되는 것이다. 그 바탕에 학교자치가 위치할 것이다. 가장 기본적인 협의와 의결의 공간으로 교무회의를 민주적으로 운영하고, 학교내 직원들의 자치회가 활성화 될 수 있도록 문화를 만들어야 한다.

지난 2021년 민동의 설문조사를 다시 인용하면, 교육과정 자율성의 궁극적인 지향점은 학교와 교사의 교육과정 자율성 확대이다. 학교가 교육과정 구성에 폭넓은 자율성을 가지고 학교의 실정과 학생들의 요구에 가장 민감하게 반응할 수 있는 최적의 교육과정을 구성할 수 있어야 한다.

교직원의 의견수렴 체계(교직원 회의, 학년협의회, 교과협의회 등)의 활성화, 학교교육활동 계획수립 및 평가, 예산 편성 등의 의사결정과정 참여 보장 등 민주적 학교 구조에 대한 질문에 교사들은 75% 이상 긍정적인 응답을 하였지만 학생, 학부모의 의견이나 생각을 반영하는 질문에는 20% 이상 그렇지 않다라는 응답을 보였다.

학교 교육과정을 설계하는 과정에서 학교의 교육 주체들은 학교교육의 비전과 가치를 공동으로 창조하고 공유하며, 공동체가 함께 참여하여 교육과정 운영계획을 수립할 수 있는 적극적인 참여 기회가 보장되어야 한다. 평가, 예산 편성 등의 의사결정과정, 교육 활동을 돌아보는 시간에 함께 참여하는 등 함께 만드는 교육과정 운영을 실천할 수 있어야 한다. 교육공동체가 공유하는 가치를 담은 교육과정, 교사, 학생, 학부모, 지역사회 구성원 등 다양한 교육공동체 구성원들의 교육적 희망을 담은 교육과정, 학교 현장에서 자유롭게 탐구되고 실천을 통해 검증된 교육적 상상력을 담은 교육과정이 필요하다. 이를 위해 수동적 주체에서 능동적 교육 주체로 거듭날 수 있도록 정책 결정의 구조와 환경, 민주적 학교 문화가 조성되어야 한다.

우리나라의 교육과정은 표준화가 가장 큰 특징이다. 표준화 교육에 의한 통제 논리에서는 학교교육과정, 수업, 평가의 표준화와 구성원 간 경쟁이 필연적으로 부각될 수 밖에 없다. 표준화와 경쟁을 통한 교육은 산업사회 시대에는 자연스럽고 효율적인 접근 방식이었지만, 현재는 탈출구를 모색해야 한다.[18] 그 대안이 바로 지역교육과정에 대한 논의이고 실천이다. 이것은 학교자치, 교육자치의 핵심적 모습이 될 것이다. 지역교육과정은 지역의 특성을 반영한 교과 개발, 지역의 맥락을 고려한 학습 방법 적용, 학생에 대한 생활과 연결시킨 학습권 부여가 가능하다는 측면에서 폭넓은 가능성을 제공한다. 바로 학교자치를 통해 지역화, 분권화, 자율화 하고자 하는 교육과정의 본질이다.

---

18) 자본과 국가권력을 넘어 교육자치의 새 길을 찾다(2021). 경기도교육연구원. 학이시습.

교육청과 교육지원청은 학교 교육과정을 다양하게 만들어갈 수 있도록 지원하는 체제를 만들어야 한다. 학교자치는 학교에 교육의 자율권을 회복하는 것이다. 학교 교육은 교육과정으로 실천한다. 학교 현장의 교육과정 자율이 확보되는 것이 실질적인 학교 자치의 출발이며, 이러한 학교 자치가 실현될 때, 교육 자치의 그림을 상상할 수 있을 것이다.

나. 학교자치는 삶과 연결된 작은 단위에서부터 시작

학급에서 수업과 생활 문제의 이해와 해결, 학교(학년)단위에서의 학생자치 실현, 교사들의 공동체 논의, 학부모들의 자율적 참여와 교육과정 결합, 마을과 지역에서의 자치 실현 등으로 이어져야 한다. 이런 삶과 연결된 단위가 꼭 일정한 단계적 수순을 밟는 것은 아니다. 다만 서로가 긴밀하게 연결되어 있음을 확인해 가면 된다. 이때 교육부와 교육청은 협력적 지원의 위치로 물러나면 된다. 자치기구로서의 독립성은 이 지점에서 나올 가능성이 크다. 국가수준교육과정이 대강화되어야 하는 이유도 같은 맥락이다. 교육과정 구성과 그에 따른 실행 역량을 기르기 위해 전문적 학습공동체가 활성화되어야 한다.

지역 교육과정 체제가 정착하고 발전하기 위해 전문적학습공동체의 역할은 더욱 중요해진다. 지역 교육과정 체제에서는 국가수준 교육과정의 대강화에 따라 총론의 지침과 규정은 줄어들고 교과별 성취기준의 역할과 수도 줄어들 것이다. 따라서 그 빈자리를 채우기 위한 교사 수준의 교육과정 리터러시가 중요해지는데 그것을 교사 개인의 노력만으로는 이루기 힘들기 때문이다. 교육과정을 구상하고, 수업을 계획하고 평가·기록하는 일련의 과정이 바로 집단 지성의 방식인 교원전문학습공동체를 통하여 이루어져야 한다.

어느 학교의 성장 모습이다. 농촌에 있는 한 초등학교의 사례이다.[19] 이 학교는 작년에 학교공동체 구성원들이 함께 학교 철학을 세웠다고 한다. 바로 '스스로 찾아 즐겁게 배우는 따뜻한 공동체'이다. 구성원들을 대상으로 한 설문 조사, 학생자치회의 토론, 교사들의 교육과정 워크숍, 학부모 교육과정세움한마당 등을 통해 확정한 철학이다. 학교공동체는 스스로 만든 학교 철학을 실천하고자 노력했다. 학생자치회의 활동은 더 풍부해졌고, 학부모들도 자치회를 만들어 '그림책데이' 등을 통해 교육과정에 참여했다. 특히 선생님들은 학교 내 전문적학습공동체 활동을 통해 새로운 성장 동력을 만들어나가고자 했다. 개념기반 수업과 같은 수업혁신을 위한 공부, 독서토론을 통한 인문학적 성찰, 매월 교육과정을 돌아보는 워크숍 등을 꾸준하게 진행하였다.

올해 이 학교의 모습은 더욱 달라졌다고 한다. 학교철학을 좀 더 구

---

19) 천호성(2025). 전라매일신문. 칼럼(225.8.7)

체하하여 '협력하는 민주시민, 책임 있는 생태시민, 분별 있는 디지털시민'을 실천하기에 이르렀다. 협력할 줄 아는 민주시민을 기르기 위해 학년 초에 민주시민교육 프로그램을 편성하고, 전 학년에 연극수업을 도입하였다. 특히 매주 운영되는 연극 수업은 학생들의 만족도가 매우 높다고 한다. 어려울줄만 알았던 연극활동을 통해 서로 소통하고 경청하며 협력하는 것을 자연스럽게 배우고 있다. 이 학교에서는 연극활동을 단순한 이벤트가 아닌 이후에도 지속적인 교육활동으로 생각하고 있다고 한다.

책임 있는 생태시민을 위해 기후위기, 자원순환을 공부하고 지역에 있는 쓰레기 매립장과 하수종말처리장을 견학하였다. 특히 페트병 모으기를 통해 재생양말을 단체로부터 기증받아 인근 요양원에 전달하기도 하였다. 분별 있는 디지털 시민을 위해 미디어 리터러시 교육에 집중했으며, 디지털 디톡스를 운영하였다. 핸드폰을 포함한 디지털 기기를 사용하지 않기로 정한 날엔 가족들이 둘러앉아 보드게임을 했다는 학생들이 많았단다.

이 학교는 올해 이러한 교육활동 결과를 바탕으로 내년에는 전학년 '학교자율시간'으로 편성하려는 계획이 있다고 한다. 이렇게 선생님들이 직접 참여하며 민주적 소통 방식을 통해 교육력을 높일 수 있게 된 것은 진정성 있는 교원전문적학습공동체가 있어서 가능하다고 말한다. 전문성 신장을 위해서는 개인의 성찰과 실천이 필수이겠으나 교사 개인의 지식과 경험에는 한계가 있다. 때문에 교육현장에서의 성공과 실패의 경험을 여럿이 함께 능동적으로 공유하고 대안을 모색하며 성장하는 과정이 필요하다. 모든 교육정책의 실효성은 직접 교육과정을 실천 운영하는 교사들의 손과 머리에 달려있다. 그들이 악성민원 등으로 고통받거나 고립되지 않게 보호해야 하는 이유도 이러한 집단지성을 통해 아이들에 대한 교육력을 높여야 하기 때문이다. 상처 입은 전북교육의 회복은 학교 내 교원전문적학습공동체의 회복으로부터 시작해야 할 것이다.

다. 학교자치는 존중과 배려, 지속가능함에 대한 고민과 실천

공동체 구성원의 다양한 이해와 요구를 풀어가는 것에 있어 문제나 사안보다는 서로에 대한 존중과 배려의 문화가 있어야 한다. 좋은 학교는 학교 안의 소통이 원활하게 이루어진다. 교사와 학생, 학생과 학생, 교장과 교사, 교사와 교사, 학교와 학부모, 학교와 지역 사회 등의 관계가 잘 형성되어 있고 의미 있는 소통의 기회가 있어야 갈등이 생겨도 잘 해결될 수 있다. 진정한 소통은 우선 상대(타자)와 세계(사실)에 대한 '이해'로부터 시작된다. 이 이해를 바탕으로 '생각'이 바뀌게 생각이 바뀌면서 결국 '사람'이 달라지는 것이다. 이해-생각-사람의 전 과정을 통해 이루어지는 것이 소통이라고 다시 정의한다. 마르틴 부버는 앞 사람이 뒷 사람의 얼굴을 보기 위해서는 먼저 자기 얼굴을 보여주어야 한다고 말한다. 이렇게 타자에 대한 관심과 이해로 부터 출발하는 학교자치가 긴 생명력을 가질 것이다.

그럼에도 학교공동체가 지속가능하려면 레퍼런스 그룹이 필요하다. 레퍼런스란 참조할 만하다는 뜻이다. 뒷 모습으로도 가르쳐지고 풍부한 경험치와 성찰을 전해줄 새로운 개념의 리더들이 많아야 한다. 교육청이나 교육지원청 차원에서 이러한 새로운 교육리더들을 위한 아카데미를 열고 학습네트워크를 학교밖에서 운영하고 지원할 필요가 있다.

라. 학교자치는 관계 중심의 공동체를 지향

민주주의를 실천하는데 '마음의 습관'[20]이 있다면 무엇일까? 사용하지 않으면 퇴보하고 꾸준히 사용하면 더욱 힘을 발휘하는 근육처럼 말이다. 그것을 관계의 기술이라고 보아도 된다. 우리가 이 안에 모두 함께 있음을 이해하고 다름의 가치를 인정할 줄 아는 것이 중요하다. 개인적인 견해와 주체성도 소중히 생각하며 공동체를 창조할 능력을 강화하는 것도 필요하다. 그러면서도 서로의 생명을 북돋는

---

20) 파커파머는 '비통한 자들을 위한 정치학'에서 다섯가지 마음의 습관을 제안한다. 1.우리는 이 안에서 모두 함께 있다는 것을 이해해야 한다. 2.우리는 다름의 가치를 인정할 줄 알아야 한다. 3. 우리는 생명을 북돋는 방식으로 긴장을 끌어안는 능력을 계발해야 한다. 4. 우리는 개인적인 견해와 주체성에 대한 의식을 가져야 한다. 5. 우리는 공동체를 창조하는 능력을 강화해야 한다.

일을 해야한다. 그것이 바로 언어이고 대화이다. 자기통제라는 개념은 입법자가 되어 보아야 실질적인 준법자가 되는 것처럼 자신의 욕구를 공동체의 이익(공동선)에 맞게 조절해 내는 힘이다. 그래서 결국은 관계이다.

마. 학교자치는 협력과 공감을 풀어갈 새로운 프레임

학교자치는 새로운 상상력이다. 협력과 공감은 이 즐거운 상상력을 풀어갈 틀이다. 학교자치를 위해서는 협력자를 구하고 참여자를 늘리는 일이 중요하다. 학교자치를 교육과정으로 풀어가는데 있어 매우 중요한 것이 교사들의 전문적학습공동체이다. 교사들이 먼저 민주주의자가 되는 일을 이 학습공동체에서 기획하고 실행해야한다. 또 교육주체협의회, 마을-학교협의체, 지역과의 거버넌스협의체 등이 있을 것이다. 협동조합 제1의 강령이 '조합원은 교육에 반드시 참여한다'인 것처럼 협치의 마당에서도 구성원들에 대한 교육이 중요하다.

II

교육과정 중심의
학교 세우기

- 지역교육 플랫폼으로 거듭나는 교육지원청
- 체감하는 학교 업무 최적화 실현

1. 서론

  오늘날 교육은 변화의 가속도와 불확실성이라는 두 축을 중심으로 새로운 전환점을 맞이하고 있다. AI 기술의 급속한 발전, 인구 구조의 변화, 지역사회 격차의 확대, 학생 개별성의 다양화는 학교 교육이 기존의 방식만으로는 더 이상 학생의 성장을 온전히 책임질 수 없음을 시사한다. 이러한 상황 속에서 최근 강조되고 있는 개념이 바로 '교육과정 중심의 학교세우기'이다. 이는 학교 운영과 교육활동 전반을 교육과정을 중심에 두고 재편함으로써 학교의 존재 이유와 기능을 본질적으로 되돌아보자는 움직임이다.

  교육과정 중심의 학교세우기는 단순히 교육과정 문서를 충실하게 작성하거나 교과 수업을 촘촘히 운영하자는 차원의 접근이 아니다. 이는 학교가 운영되는 논리 자체를 교육과정으로 재정렬하고, 교육과정의 철학인 학생의 성장과 배움을 학교조직과 문화의 핵심 가치로 삼도록 하는 총체적 변화이다. 다시 말해, 교육과정이 학교의 '중심축'이 되고, 그 밖의 모든 활동(학교 운영, 교사 협력 구조, 평가, 연수, 예산, 지역사회 협력 등)이 그 중심축을 지지하는 체계를 갖추도록 하는 것이다.

  교육과정 중심의 학교세우기는 단순한 교육 정책이나 사업이 아니다. 이는 학교가 본연의 역할인 학생의 배움과 성장을 되찾기 위한 본질적 변화이며, 학교 구성원 전체가 참여하는 문화적 전환이다. 교육과정은 학교의 방향을 제시하는 나침반이며, 학생의 삶과 사회적 요구를 연결하는 실천적 도구이다. 따라서 교육과정 중심의 학교세우기는 학생의 삶을 변화시키고, 교사의 전문성을 강화하며, 지역사회와 함께 성장하는 학교 문화를 만드는 핵심 전략이라 할 수 있다.

앞으로 학교가 교육과정 중심이라는 원리에 기반하여 미래지향적 학교로 발전해 나가기 위해서는 교육지원청의 역할 변화와 학교업무 최적화가 필요하다. 교육지원청은 단순한 행·재정 지원기관을 넘어, 지역교육의 전략적 조정자이자 협력 촉진자, 그리고 미래교육 생태계를 설계하는 플랫폼 기관으로 재정립될 필요가 있으며, 학교도 업무 최적화를 통해 교직원이 본연의 교육 활동에 더 많은 시간을 투자할 수 있게 해야 한다.

2. 지역교육 플랫폼으로 거듭나는 교육지원청

　그동안 지역사회에는 유관 기관은 많았지만 이를 아우르는 중심 거점이 부족했다. 학교는 교육의 핵심 공간이지만 지역 내 다양한 교육자원을 망라하기에는 역할이 제한적이다. 지방자치단체는 교육과 직접적 행정 구조가 다르기 때문에 협력에 구조적 제약이 따른다. 이 상황에서 교육지원청은 학교와 지역사회, 지자체와 교육감·교육부 정책을 연결하는 유일한 허브라 할 수 있다.

　도시와 농산어촌, 심지어 같은 시·군 내에서도 학교 수준, 학습환경, 돌봄 등 인프라의 격차가 커지고 있다. 학령인구 감소는 이러한 격차를 더욱 크게 만들고 있다. 지역 맞춤형 교육정책이 필요한 시점에서, 개별 학교나 상급 기관만으로는 해결이 어렵다. 교육지원청이 지역 차원의 종합 기획과 조정 기능을 담당해야 하는 이유가 여기에 있다.

　교육은 공급자 중심에서 학습자 중심, 교실 중심에서 지역 전체를 학습공간으로 확장하는 방향으로 진화하고 있다. 이를 실현하기 위해서는 지역 내 기관, 시설, 전문가, 기업 등이 유기적으로 연결되어야 한다. 교육지원청이 플랫폼이 된다면 지역의 잠재 자원을 학습자에게 연결하는 학습 네트워크의 허브가 될 수 있다. 지역교육 플랫폼으로서 교육지원청은 다음의 핵심 역할을 수행해야 한다.

첫째, 협력 거버넌스의 구축자이다. 교육지원청은 학교, 지자체, 대학, 지역 기업, 시민단체, 문화·복지 기관, 직업교육기관 등을 연결하는 지역교육 파트너십 허브가 되어야 한다. 공공성은 유지하되 개방성과 혁신성을 높여, 지역의 다양한 주체들이 교육정책의 공동 설계자이자 실천자가 되도록 지원한다.

둘째, 지역 맞춤형 교육정책의 기획자이다. 중앙에서 일률적으로 내려온 정책을 전달하는 역할을 넘어, 지역 특성과 수요를 진단하고 맞춤형 정책을 설계해야 한다. 교육지원청이 지역교육 정책의 싱크탱크 역할을 수행함으로써 실효성 높은 정책을 만들 수 있다.

셋째, 학교 지원의 전문 플랫폼이다. 학교가 교육 본연의 기능에 집중할 수 있도록 행정·재정 지원뿐 아니라 학교 혁신, 교육과정 설계, 학생 상담·복지, 교사 전문성 향상, 민원 서비스 등에서 전문적 지원 체계를 확립해야 한다.

넷째, 지역 학습 생태계의 연결자이다. 지역 도서관, 문화센터, 진로교육기관, 체험처, 산업체, 연구기관 등을 연계하여 학생·교사·학부모가 활용할 수 있는 지역 학습 네트워크 시스템을 구축해야 한다. 특히 디지털 플랫폼을 기반으로 자원을 통합·공유·중개하는 기능이 강조된다.

지역교육의 내실화와 지속가능성은 어느 한 기관의 노력만으로 이루어질 수 없다. 학교가 교육의 중심 공간이라는 사실은 변하지 않지만, 이제는 학교가 지역과 함께 호흡하며 성장하는 구조가 필요하다. 교육지원청은 이러한 변화의 중심에서 교육 생태계의 작동을 설계하고, 자원을 연결하고, 혁신을 지원하는 플랫폼 기관으로 거듭나야 한다.

앞으로의 교육지원청은 단순한 행정기관이 아니라, 지역의 교육 비전을 그리는 기획자, 학교를 돕는 전문 지원자, 지역교육 공동체를 연결하는 촉진자, 미래세대를 위한 지속가능한 학습 생태계를 설계하는 디자이너가 되어야 한다. 지역교육 플랫폼으로서의 교육지원청이 제대로 자리잡는다면, 지역의 모든 아이들은 자신이 태어나고 자란 지역에서 풍부한 배움을 경험하고 미래 역량을 기를 수 있을 것이다. 그것이 바로 지역이 살아나고, 학교가 살아나는 길이다.

교육지원청이 지역교육의 플랫폼으로 거듭나기 위해서는 플랫폼 공동교육과정을 운영하고, 학교업무지원센터로 재구조화되어야 한다. 교육지원청의 플랫폼 공동교육과정 운영과 학교업무지원센터 재구조화는 학교가 단독으로 해결하기 어려운 문제를 지역 수준에서 체계적으로 해결하기 위한 전략이다. 이는 단순한 행정적 변화가 아니라, 학생 중심 교육을 실현하고 교사의 전문성을 강화하는 교육 생태계 전환의 핵심 축이라 할 수 있다.

　더불어 학교 밖 현장체험학습 안전망을 강화하고 기간제(전일제) 강사 원클릭 매칭 시스템 구축·운영도 요구된다.

가. 플랫폼 공동교육과정 운영

　전국적으로 학생들의 진로가 다양해지고 개별화·맞춤형 교육의 필요성이 강조되면서 단일 학교가 제공할 수 있는 교육과정의 한계가 커지고 있다. 이러한 배경 속에서 교육지원청이 주도하는 플랫폼 공동교육과정은 지역 내 학교 간 교육자원을 공유하고, 학생이 소속 학교를 넘어 원하는 과목을 선택할 수 있도록 지원하는 체제이다.

　플랫폼 공동교육과정은 다음과 같은 장점이 있다. 첫째, 디지털 기반 수강 체제 구축을 통해 온라인·온오프믹스 형태의 강좌를 제공할 수 있어 학생의 접근성과 선택권이 확대된다. 둘째, 학교 간 역할 분담을 통해 특정 학교의 우수한 교과 역량을 지역 전체가 활용할 수 있다. 셋째, 지역사회 연계를 통해 대학, 산업체, 기관과 협력한 진로·직업·심화학습 과정이 확대될 것이다. 궁극적으로 플랫폼 공동교육과정은 학교 단위를 넘어 지역 전체가 하나의 교육 생태계로 작동하도록 만들며, 교육격차 해소와 학생 선택권 보장에 큰 기여를 할 수 있다.

나. 학교업무지원센터 재구조화

학교업무지원센터는 행정·회계·시설·방역 등 학교의 반복적이고 전문적 행정업무를 대신 처리함으로써 학교가 본연의 교육 활동에 집중할 수 있도록 돕기 위해 도입되었다. 그러나 운영 초기에는 인력 부족, 역할 모호성, 업무 범위 제한 등의 문제로 인해 기대만큼 효과를 내지 못한 사례가 존재했다.

이에 따라 교육지원청의 학교업무지원센터가 단순 행정 대행 조직이 아닌 전문 행정지원 플랫폼으로 재구조화될 필요가 있다. 첫째, 업무 프로세스 통합·표준화이다. 학교마다 다르게 운영되던 행정 절차를 일원화해 효율성을 강화해야 한다. 둘째, 전문 인력 확충 및 직무교육 강화이다. 회계, 시설, 인사 등 분야별 전문성을 갖춘 인력을 배치해야 한다. 셋째, 업무 배분 체계 재정립이다. 교사가 해야 할 일과 대신할 수 있는 일을 명확히 구분해야 한다. 넷째, IT 기반 지원 시스템 확대이다. AI 기반 문서 자동화, 전자결재 간소화 등 스마트 행정을 도입해야 한다. 이 때 재구조화의 목표는 단순히 업무를 '덜어주는 것'을 넘어, 학교 행정 전체의 체계를 혁신하고 '교육행정 서비스의 품질 향상'을 통한 학교 교육력 강화에 있다.

다. 학교 밖 현장체험학습 안전망 강화

학교 밖에서 이루어지는 현장체험학습은 학생들이 교실을 넘어 실제 사회와 자연을 경험하며 배움을 확장하는 중요한 교육 활동이다. 그러나 체험 장소의 다양화, 프로그램 전문성의 요구 증가, 안전사고에 대한 우려 등으로 인해 그 어느 때보다 구조적이고 체계적인 안전망 구축이 필요하다. 이에 따라 위탁 운영 확대, 안전 인력 지원, 전담기구 마련, 법령 정비 등의 정책적 노력이 요구된다.

1) 전문기관을 통한 위탁 운영 확대

현장체험학습 프로그램의 질과 안전성을 확보하기 위해서는 전문성을 갖춘 외부 기관과의 협력이 필수적이다. 교육청이나 지자체는 인증받은 전문기관에 프로그램 운영을 위탁함으로써, 학교가 개별적으로 준비하기 어려운 안전관리·위기 대응 체계를 체계적으로 갖출 수 있다.

2) 안전 인력 및 전문 인력 지원 확대

현장체험학습의 안전성은 현장에서 학생을 직접 관리하는 인력에 의해 좌우된다. 교사의 부담을 줄이기 위해 안전요원, 프로그램 지도사, 응급처치 인력 등을 지원하는 체계를 강화해야 한다. 특히 인력 배치 기준을 마련하고, 전문 교육을 받은 안전 인력풀(pool)을 확보하여 학교가 필요로 할 때 신속하게 배정받을 수 있도록 하는 시스템 구축이 필요하다.

3) 학교 밖 체험학습 전담기구 마련

학교밖 체험학습의 기획, 인증, 안전점검, 사고 대응을 전담하는 기구를 설립하면 체험학습의 절차와 책임 소재가 명확해지고, 학교와 운영기관 간 협력 구조도 효율화된다. 전담기구는 프로그램 인증제 운영, 위험도 평가 기준 마련, 사고 발생 시 조사 및 지원, 안전 교육 자료 개발 등을 담당하며, 전국 단위의 관리체계가 구축되면 지역 간 격차도 줄일 수 있다.

4) 법령 및 제도 정비

현장체험학습 안전을 제도적으로 뒷받침하기 위해 관련 법령을 정비하는 일은 필수적이다. 체험학습 운영 기준, 안전관리 의무, 책임 범위, 보험 가입 기준 등을 법령에 명확히 규정하여 학교와 운영기관 모두가 일관된 기준에 따라 운영할 수 있도록 해야 한다. 또한 안전 점검 의무화, 인증기관 등록 기준 강화, 사고 발생 시 대응 절차 규정 등을 포함해 체험학습 안전관리 체계를 법적으로 안정화할 필요가 있다.

라. 교육청 기간제(전일제) 강사 원클릭 매칭 시스템 구축·운영

최근 학교 현장에서는 출산·육아·병가 대체 인력 및 단기 결원 보충 등을 위해 기간제(전일제) 강사 수요가 지속적으로 증가하고 있다.

그러나 강사 채용 절차는 학교별 공고·서류 접수·전화 문의 등 수작업 중심으로 이루어져, 교사의 행정업무가 과중하게 되며, 강사 인력풀 관리가 비효율적으로 이루어지며, 적합한 인재를 신속하게 확보하지 못하는 문제가 발생해왔다. 따라서 강사 수요 학교와 구직 강사를 자동으로 연결하는 디지털 기반 매칭 시스템을 구축하여 업무 효율성을 높이고 공정하고 투명한 채용 환경을 조성할 필요가 있다.

원클릭 매칭(one-click matching)은 학교가 필요한 조건(교과, 기간, 근무지역 등)을 입력하면 자동으로 적합한 강사를 추천하는 방식으로 공고 게시, 지원자 관리, 서류 확인, 연락 단계 등 기존의 반복 업무를 자동화하고. 표준화된 데이터 기반 추천 알고리즘을 통해 공정성을 확보할 수 있다. 갑작스러운 결원 발생 시 즉시 매칭 가능하고. 강사 경력, 자격, 희망 근무 조건 등을 데이터베이스화하여 인력풀의 체계적 관리가 가능하다.

3. 체감하는 학교 업무 최적화 실현

학교는 학생의 성장과 배움을 중심에 두는 공간이지만, 그 중심을 지탱하는 교직원의 업무는 점점 복잡해지고 다양해지고 있다. 행정 처리, 생활지도, 상담, 수업 준비, 각종 보고서와 공문 처리까지 이어지는 일들은 종종 교직원이 본연의 교육 활동에 집중할 시간을 빼앗는다. 이에 '업무 최적화'는 단순한 효율 개선의 문제가 아니라, 교육의 본질을 회복하기 위한 필수 요소가 되었다.

업무 최적화가 실현되기 위해서는 무엇보다 '체감'이 중요하다. 시스템이 아무리 잘 구축되어 있어도 교직원이 일상의 변화로 느끼지 못한다면 그것은 진정한 의미의 최적화가 아니다. 따라서 학교 현장의 현실과 요구를 기반으로 한 실질적 변화가 필요하다.

첫째, 디지털 기반 행정의 간소화가 이루어져야 한다. 반복적인 기록 업무나 자료 취합은 자동화 시스템을 활용해 교사가 직접 입력해야 하는 양을 줄이고, 필요한 정보가 한 번 입력되면 여러 기능에서 공유될 수 있도록 설계해야 한다. 이는 불필요한 중복 작업을 줄여 '업무량 감소'를 명확히 체감하게 한다.

둘째, 업무분장의 재정립과 공유 문화 확산이 중요하다. 학교 업무는 교사 개인의 열정이나 희생에 의존할 때가 많다. 하지만 장기적인 지속 가능성을 위해서는 학교 규모와 현장 특성을 반영한 균형 잡힌 업무 배분이 이뤄져야 한다. 더불어, 업무 매뉴얼의 체계화와 노하우 공유는 신규 교사나 담당자에게 업무 적응의 부담을 줄여준다.

셋째, 교육 활동 중심의 시간 확보가 핵심이다. 회의 구조 개선, 보고 간소화, 불필요한 행사 축소 등을 통해 교사가 수업 연구와 학생 이해에 더 많은 시간을 투자할 수 있게 해야 한다. 이것이야말로 학교 업무 최적화의 최종 목적이며, 가장 분명하게 체감될 수 있는 변화이다.

마지막으로, 학교 구성원 모두의 심리적·문화적 변화가 필요하다. "예전에는 이렇게 했으니 그대로 한다"는 관성에서 벗어나, 더 나은 교육환경을 위해 업무 방식 자체를 끊임없이 고민하고 개선하는 문화가 형성될 때 업무 최적화는 지속 가능해진다.

체감하는 변화는 단숨에 이루어지지 않는다. 하지만 작은 개선들이 모여 일상의 부담을 줄이고, 교사가 학생에게 더 집중할 수 있는 환경을 만드는 순간, 우리는 학교가 진정한 의미에서 한 걸음 더 '교육다운' 공간으로 나아가고 있음을 확인하게 될 것이다. 이것이 바로 학교 업무 최적화가 지향해야 할 궁극적 가치이다.

여기서는 학교업무 최적화를 체감할 수 있는 정책으로 학교 사업 선택제 확대 및 업무 총량제 시행, 도교육청 조직 슬림화를 통한 학교 중심 지원체계 전환, 교육청의 정책사업 일몰제, 학교회계 지침 간소화, 다양한 업무지원 인력 배치의 필요성과 기대 효과 등을 제안해 본다.

가. 학교 사업선택제 확대 및 업무 총량제 시행

최근 교육 현장에서 논의되고 있는 학교 사업선택제 확대와 업무 총량제 시행은 교원의 과중한 행정 업무를 줄이고 교육의 본질에 집중하기 위한 정책적 시도라는 점에서 의미가 크다. 두 제도는 각각 학교가 자율적으로 참여 사업을 선택하도록 해 불필요한 행정 부담을 줄이고, 동시에 교원에게 부과되는 업무의 총량을 관리해 실질적인 업무 경감을 이루는 것을 목표로 한다.

1) 학교 사업선택제 확대

기존의 교육청·지자체 사업들은 학교가 자율적으로 선택할 수 있는 사업보다 의무 참여 사업이 많아, 교사들은 본연의 수업·생활지도 외에 각종 공문, 계획서, 평가 업무에 큰 시간을 할애해 왔다. 사업선택제가 확대되면 학교는 지역 상황, 학생 특성, 교사 전문성에 맞는 사업만을 골라 운영할 수 있다. 이는 학교자치 강화와 교육과정 중심 학교 운영을 실현하는 기반이 된다. 또한 선택권 확대는 사업 경쟁을 유도해 실제로 효과가 있는 프로그램만이 유지되는 구조로 개선할 수 있다는 장점도 있다.

2) 업무 총량제 시행

교육청과 학교가 담당할 수 있는 행정·기획 업무의 총량을 정하고, 이를 초과하는 신규 사업이나 업무가 생기면 기존 업무를 조정하거나 폐지하도록 하는 것이 업무 총량제의 핵심이다. 이는 업무를 줄여준다는 선언적 조치에서 벗어나 실질적 감축을 강제하는 구조적 장치라는 점에서 의미가 있다. 업무 총량제가 제대로 시행되면 학교로의 업무 전가 방지, 교사의 수업 및 학생 지도 시간 확보 등의 긍정적 변화가 기대된다.

학교 사업선택제와 업무 총량제는 서로 긴밀하게 연결되어 있다. 사업선택제가 없으면 학교는 새로운 혹은 불필요한 사업을 걸러낼 수 없고, 업무 총량제가 없으면 선택제를 통해 사업 수를 줄여도 다시 새로운 업무가 추가될 수 있다. 두 제도가 동시에 시행될 때 학교는 필요한 사업만 선택하고, 총량을 넘는 업무는 조정하는 자율·책임형 운영 체제를 구축할 수 있다. 제도가 성공하기 위해서는 학교자치 역량의 강화가 요구된다. 교직원 간 의사결정 구조가 정비되지 않으면 선택권이 제대로 행사되지 못한다.

학교 사업선택제 확대와 업무 총량제 시행은 단순히 업무를 줄이는 기술적 조치가 아니라, 교육의 본질로 돌아가려는 구조적 개혁이다. 교원이 수업과 학생 성장에 더 많은 시간을 쓸 수 있도록 하고, 학교가 지역과 학생의 특성에 맞는 교육을 자율적으로 설계할 수 있도록 하는 것은 모두가 바라는 미래 학교의 모습이다. 이 두 제도가 조화롭게 정착된다면 교육현장은 보다 효율적이고 학생 중심적으로 변화할 가능성이 크다.

나. 교육청 조직 슬림화를 통한 학교 중심 지원체계 전환

최근 교육 현장은 급격한 사회 변화와 다양해진 학습자 요구에 부응하기 위해 더욱 탄력적이고 현장 중심적인 행정을 요구받고 있다. 이러한 흐름 속에서 교육청 조직의 슬림화와 학교 중심 지원체계로의 전환은 단순한 조직 개편을 넘어, 미래 교육의 질을 결정하는 핵심 전략으로 떠오르고 있다. 학교 중심 지원체계란 행정이 주도하는 방식이 아니라 학교가 필요한 지원을 스스로 선택하고, 교육청은 그 요구를 가능한 한 빠르고 정확하게 제공하는 구조를 의미한다.

그럼 왜 교육청 조직 슬림화가 필요한가?

첫째, 업무 중복과 비효율성을 해소하기 위함이다. 지금까지 도교육청은 학교 현장과 직접적 관련이 낮은 행정업무나 사업 중심의 구조를 유지해 온 경우가 많았다. 이로 인해 학교는 다양한 지침과 요구를 처리하느라 본연의 교육 활동에 충분한 시간과 자원을 집중하기 어려웠다.

둘째, 신속한 의사결정과 실행을 위해서다. 복잡한 조직 구조는 정책 전달 과정에서 의사소통을 지연시키고, 현장의 요구가 상층부에 제대로 전달되지 못하는 문제를 낳았다.

교육청 조직 슬림화는 다음과 같은 방향으로 추진되어야 한다.

첫째, 불필요한 사업 및 부서 정비이다. 유사·중복 사업을 통합하거나 폐지하여 행정 부담을 줄이고, 인력을 학교 지원 분야로 재배치한다.

둘째, 지원 중심의 조직 재편이다. 관리·감독 기능을 최소화하고, 상담·연수·재정·정보·학생 지원 등 학교 운영에 직접 도움이 되는 기능을 강화한다.

셋째, 학교 자율 운영권 확대이다. 학교가 자체적으로 예산을 계획하고 운영할 수 있도록 권한을 확대하며, 교육청은 가이드라인과 컨설팅 중심으로 역할을 전환한다.

넷째, 디지털 기반 행정 혁신이다. 데이터 기반 의사결정 및 업무 자동화를 도입하여 학교의 행정적 부담을 최소화하고, 교육청이 제공하는 서비스의 신속성과 정확성을 높인다.

도교육청 조직 슬림화와 학교 중심 지원체계 전환은 단순한 구조 개편 이상의 의미를 지닌다. 이는 교육의 주체인 학생과 학교를 중심에 두고, 행정이 그들을 뒷받침하도록 체계를 재정비하는 과정이다. 궁극적으로 이러한 변화는 학교 자율성과 교육의 질을 높이는 데 기여하며, 미래 교육환경에 더욱 능동적으로 대응할 수 있는 기반이 될 것이다.

다. 교육청의 정책사업 일몰제

교육 행정 환경이 빠르게 변화하는 가운데, 교육청은 다양한 정책 사업을 추진하며 학교 현장의 요구에 대응해 왔다. 그러나 정책사업 의 수가 늘어나면서 업무 과중, 재정 비효율, 사업 간 중복, 성과 관리 의 어려움 등이 지적되었다. 이러한 문제점을 해결하기 위한 핵심적 제도가 바로 정책사업 일몰제이다.

정책사업 일몰제는 일정 기간(예: 3년 또는 5년)이 지나면 해당 사 업의 추진 타당성을 다시 검토해 계속할지, 조정할지, 종료할지를 결 정하는 제도를 말한다. 즉, 사업이 한 번 만들어지면 지속적으로 유 지되는 관행을 끊고, '정기적인 평가와 정리'를 통해 사업의 생명주기 를 관리하는 제도라고 할 수 있다. 정책사업 일몰제가 필요한 이유를 다음과 같이 설명할 수 있다.

첫째, 중복·과다 사업 정비이다. 여러 부서와 기관에서 유사한 목 적의 사업이 반복적으로 추진되며, 학교는 과도한 행정 업무를 부담 하게 된다. 일몰제는 이러한 중복을 줄이고 사업 수를 적정화하는 데 도움을 준다.

둘째, 교육 현장의 업무 경감이다. 각종 보고, 계획서, 평가 요구가 줄어들어 교사와 학교 행정 직원의 업무가 감소하고, 본연의 교육 활 동에 집중할 수 있게 된다.

셋째, 재정 효율성 제고이다. 성과가 낮거나 효과가 줄어든 사업을 정리함으로써 예산을 더 필요하고 효과적인 분야에 재배치할 수 있다.

넷째, 성과 중심 행정 정착이다. 사업을 계속 유지하기 위해서는 명확한 성과와 근거가 필요하므로, 자연스럽게 책임성과 성과 기반의 교육 행정 문화가 형성된다.

교육청의 정책사업 일몰제는 단순히 사업을 줄이는 제도가 아니라, 교육 행정의 체질을 개선하고 학교가 본연의 교육 활동에 집중할 수 있도록 만드는 핵심 전략이다. 정책사업을 체계적으로 관리하고 재정과 행정의 효율성을 높인다며, 궁극적으로는 학생과 교사를 위한 더 나은 교육환경을 조성하는 데 기여할 것이다.

라. 학교회계 지침 간소화

학교 현장은 교육활동의 중심이지만, 실제로 학교 구성원들이 업무의 상당 부분을 행정 처리와 회계 절차에 할애하고 있다는 점은 오래전부터 지적되어왔다. 특히 학교회계는 교육재정 운용의 투명성을 확보하기 위해 다양한 규정과 절차를 포함하고 있는데, 이 과정에서 세부 지침이 너무 많거나 복잡하게 얽혀 실무자의 업무 부담을 가중시키는 문제가 발생하고 있다. 따라서 학교회계 지침의 간소화는 단순한 행정 편의의 문제가 아니라, 궁극적으로 교육 본연의 기능을 강화하기 위한 필수 과제라고 볼 수 있다. 학교회계 지침 간소화를 통해 얻을 수 있는 장점을 살펴보면 다음과 같다.

첫째, 현재 학교회계 지침은 지나치게 세부적이거나 서로 다른 문서에 흩어져 있어 실무자가 정확한 절차를 파악하는 데 많은 시간이 소요된다. 동일한 사안임에도 지침마다 표현이나 적용 범위가 약간씩 달라 혼란을 초래하는 경우도 적지 않다. 이러한 중복·상충 지침은 실제 회계 처리 과정에서 실수를 유발할 수 있으며, 불필요한 확인 절차를 반복하게 만들어 업무 효율을 떨어뜨린다. 지침을 간소화하고 통합된 형태로 재정비한다면, 행정실 직원과 학교 관리자의 판단 부담을 크게 줄일 수 있을 것이다.

둘째, 학교 현장은 다양한 규모와 여건을 지닌 곳들로 구성되어 있지만, 현재의 지침은 획일적인 방식으로 설계되어 있어 작은 학교나 인력 부족 학교에 과도한 부담을 주기도 한다. 예를 들어, 동일한 보고 절차와 증빙 수준을 모든 학교에 일괄 적용하면, 인력이 한정된 농어촌 학교나 소규모 학교는 비슷한 양의 행정업무를 처리하기 어려워진다. 지침 간소화는 학교 규모와 상황에 따른 차등 적용, 필수 절차와 선택 절차의 분리 등을 통해 실효성을 높일 수 있다.

셋째, 디지털 기반의 회계 시스템이 점차 고도화되고 있음에도, 지침이 여전히 아날로그 방식의 감사를 전제로 작성되어 있다는 문제도 있다. 일부 지침은 이미 전산화된 기능과 중복되거나, 자동화할 수 있는 절차를 수작업으로 요구하고 있어 효율성을 떨어뜨린다. 새로운 학교회계 지침은 정보 시스템의 기능을 적극 반영하고, 전자증빙이나 자동화된 검증 로직을 활용할 수 있도록 설계되어야 한다. 이를 통해 실무자들이 반복적이고 단순한 업무에서 벗어나 보다 전문적이고 가치 있는 업무에 집중할 수 있을 것이다.

학교회계 지침 간소화 과정은 교육청과 학교 현장 간의 충분한 협의를 통한 '현장 기반 개선'의 방향으로 추진되어야 한다. 실무자가 실제로 어떤 어려움을 겪고 있는지, 어떤 지침이 현실과 동떨어져 있는지를 면밀히 조사해야 한다. 또한 간소화된 지침의 시행 과정에서 예기치 않은 문제가 발생하지 않도록 시범 운영과 피드백 과정도 필요하다. 무엇보다 지침 간소화는 일회성이 아니라 지속적으로 업데이트되어야 하며, 학교 현장의 변화와 디지털 행정 환경에 맞춰 유연하게 조정될 수 있어야 한다.

학교회계 지침 간소화는 행정업무를 줄이는 데 목적이 있지만, 그 궁극적 목표는 학교가 교육에 더 집중할 수 있는 환경을 만드는 데 있다. 복잡한 절차를 정비하고 불필요한 규정을 정리한다면, 구성원들은 보다 안정적이고 효율적인 환경에서 일할 수 있으며, 이는 곧 학생 중심의 교육환경 조성으로 이어질 것이다. 따라서 학교회계 지침 간소화는 단순한 행정 개혁이 아니라 교육의 본질을 회복하기 위한 기반을 마련하는 과정이라 할 수 있다.

마. 다양한 업무지원 인력 배치의 필요성과 기대 효과

최근 학교 현장은 교육과 행정 환경이 복잡해지고, 교사의 업무 부담이 지속적으로 증가함에 따라 전문적인 업무지원 인력의 필요성이 크게 대두되고 있다. 특히 업무지원교사, 교무실무사, 특수행정실무사 등 다양한 형태의 인력 배치는 학교 운영의 효율성을 높이고, 궁극적으로 학생 중심 교육을 실현하는 데 중요한 역할을 한다.

업무지원교사는 교사들이 수업에 전념할 수 있도록 지원하는 역할을 담당한다. 문서 처리, 공문 업무, 행사 준비 등 수업 외적인 행정 업무를 분담하거나, 교사 업무 경감을 위한 교육·생활지도 보조 역할을 수행한다. 이를 통해 교사들은 전문성을 발휘해 수업의 질을 높일 수 있고, 학생 개별 상담이나 학급 운영 등 본연의 교육 활동에 더 많은 시간을 투입할 수 있다.

교무실무사는 학교에서 발생하는 행정업무를 전문적으로 담당하는 인력으로, 교무·학사·일반 행정 등 광범위한 영역의 실무를 지원한다. 학교에서 필요한 서류 관리, 출결 및 학적 처리, 공문 관리, 학사 운영 관련 실무 등을 담당하여 학교 운영의 정교함과 정확성을 높인다. 특히 교무실무사의 안정적 배치는 교무행정의 연속성과 전문성을 확보하는 데 중요한 요소로 작용한다.

특수행정실무사는 특수교육대상 학생을 지원하는 행정 및 교육 보조 역할을 수행한다. 특수학급 운영 지원, 특수교육 관련 문서 및 기록 관리, 학생 생활 지원 등 특수교육에 특화된 실무를 맡는다. 이는 특수교사들이 수업 및 개별 학생 지도에 더 집중할 수 있도록 돕고, 특수교육대상 학생들이 보다 안정적이고 체계적인 지원을 받을 수 있는 환경을 조성한다.

다양한 업무지원 인력의 효율적 배치를 위해서는 업무지원 인력의 안정적인 고용 구조를 마련하고, 권한과 역할의 명확한 기준을 확립해야 하며, 근무 여건과 처우 개선을 통한 전문성 강화 등의 과제를 해결해야 한다. 학교 현장이 지속적으로 변화하는 만큼, 업무지원 인력의 역할도 시대에 맞게 재정립될 필요가 있다.

바. 학교 민원 해결 플랫폼 'AI뚝딱' 운영

학교가 신속하고 효율적인 민원 처리와 학교행정의 효율성 제고를 위해 인공지능 기반 민원 응대 시스템을 도입하여 운영할 필요가 있다. 'AI뚝딱'은 학생, 학부모, 교직원이 학교생활 중 겪는 다양한 문의와 요청을 빠르게 해결할 수 있도록 설계된 혁신적인 플랫폼이다.

'AI뚝딱'은 시간과 장소의 제약 없이 24시간 사용할 수 있으며, 학사일정, 증명서 발급 안내, 급식 정보, 학교 시설 이용 절차 등 반복적으로 발생하는 질문에 즉각 답변하게 된다. 또한 민원 접수부터 처리 완료까지의 진행 상황을 실시간으로 확인할 수 있어 민원인은 처리

과정을 투명하게 확인할 수 있다. 이로 인해 학교 운영에 대한 신뢰도가 더욱 높아지고 민원인의 편의성이 크게 향상될 뿐 아니라 담당자의 업무 부담도 줄어들게 될 것이다.

'AI뚝딱' 도입으로 불필요한 문의가 감소하고, 교직원은 보다 전문적이고 중요한 업무에 집중할 수 있게 된다. 또한 누적된 민원 데이터를 분석하여 학교 정책 개선이나 학사 운영에 활용할 수 있어 장기적인 행정 효율성 향상을 기대할 수 있다. 'AI뚝딱'은 미래지향적인 학교 행정 체계를 구축하는 데 중요한 역할을 수행하게 된다. 앞으로도 인공지능 기술을 적극 활용하여 더욱 스마트한 교육환경을 만들어 나가야 한다.

기초 튼튼!
기본에 충실한 교육

- 그 무엇보다 기초가 중요해!
- 차근차근 진짜 공부를 해야 해!
- 삶을 풍요롭게 하는 예체능 교육

1. 그 무엇보다 기초가 중요해!

기초(基礎)는 사전적으로 사물이나 일 따위의 기본이 되는 것, 건물이나 다리 따위와 같은 구조물의 무게를 받치기 위하여 만든 밑받침을 의미한다. 기본이 되고 밑받침이 된다는 의미는 어떤 일을 함에 있어 근간이 되고 발전의 출발점이며 지속적인 성장의 토대가 됨을 말해 주고 있다.

아파트나 대형 건물 공사 현장을 지나다 보면 바닥에 전봇대처럼 생긴 기둥을 바닥에 촘촘하게 박는 모습을 볼 수 있다. 이 기둥의 이름을 말뚝 기초(pile)라고 한다. 말뚝 기초는 연약하거나 불안정한 지반 대신 건물의 하중을 암반 등과 같이 단단한 지하층으로 전달하여 건물의 안정성과 내구성을 확보하는 역할을 한다고 한다. 말뚝의 수와 배치는 건물의 하중, 지반의 특성, 시공 목적에 따라 결정되는데 더 높은 고층 건물이나 대형 건물을 짓기 위해서는 기초를 더 튼튼해야만 한다. 만약 우리가 이러한 기초 작업을 소홀히 한다면 더 높고 더 튼튼한 건물을 지을 수 없게 될 것이며, 기초가 튼튼하지 않은 상태에서 더 높은 건물을 지으려고 한다면 그 건물을 오래가지 않아 무너지게 될 것이다. 일상생활에서도 기초의 필요성과 중요성을 우리는 알 수 있다.

태어나서 유아기와 유년기, 청소년기를 거쳐 성년에 이르기까지 성장의 과정에 있는 우리 아이들에게 기초는 어떤 의미이고 얼마나 중요한지를 우리는 모두 알고 있다. 기본 생활 습관의 중요성, 기초 학력의 중요성은 우리 자녀들이 민주시민의 한 사람으로 살아가는 데 있어 꼭 필요하고 중요한 문제이다. 그러기에 우리 교육은 그 무엇보다 기초를 튼튼히 다지는데 보다 많은 역량을 집중해야 한다.

국가 수준 유치원 교육과정과 2022 초중학교 교육과정 총론(교육부 고시 제2022-33호)을 살펴보면 유·초·중·고등학교 교육과정의 목적과 목표는 다음과 같다.

유치원 교육과정(누리과정)은 만 3~5세 유아의 심신의 건강과 조화로운 발달을 이루고 바른 인성과 민주 시민의 기초를 형성하는 것을 목적으로 한다.
초등학교 교육과정 목표는 학생의 일상생활과 학습에 필요한 기본 습관 및 기초 능력을 기르고 바른 인성을 함양하는 데에 중점을 둔다.
중학교 교육은 초등학교 교육의 성과를 바탕으로, 학생의 일상생활과 학습에 필요한 기본 능력을 기르고, 바른 인성 및 민주시민의 자질을 함양하는 데 중점을 둔다.
고등학교 교육은 중학교 교육의 성과를 바탕으로, 학생의 적성과 소질에 맞게 진로를 개척하며 세계와 소통하는 민주시민으로서의 자질을 함양하는 데 중점을 둔다.

국가에서 모든 학생들에게 공통으로 제시하고 있는 교육과정 총론에서도 기초·기본 습관과 능력을 계속해서 강조하고 있다.

2021.9.24. 제정된 기초학력 보장법(법률 제18458호)에서는 학습 지원대상 학생에게 필요한 지원을 함으로써 모든 학생의 기초학력을 보장하여 능력에 따라 교육을 받을 수 있도록 그 기반을 조성하는 것을 목적으로 한다. 그리고 기초학력을 「초·중등교육법」 제2조에 따른 학교의 학생이 대통령령으로 정하는 바에 따라 학교 교육과정을 통하여 갖추어야 하는 최소한의 성취기준을 충족하는 학력이라고 정의하고 있다. 동법 시행령 제2조 ①항에 '최소한의 성취기준'이란 국어, 수학 등 교과의 내용을 이해하고 활용하는 데 필요한 읽기, 쓰기, 셈하기를 포함하는 기초적인 지식, 기능 등으로 한다 라고 규정되어 있다. 기초학력 진단부터 학습지원대상 학생의 선정 및 학습지원교육 등을 할 수 있는 법적 근거를 마련하여 국가와 지방자치단체와 학교의 책무 등을 규정하고 있다.

2025 전북특별자치도교육청 기초학력 보장 시행 계획에 따르면 최근 10년간 기초학력 미도달 학생의 지속적 증가하고 있으며 학력 저하 현상이 심화되고 있다고 말하고 있다. 아래의 〈최근 10년간 국가수준 학업성취가 평가 결과 기초학력 미달 비율〉을 보면 해를 거듭할수록 1수준(기초에 미치지 못하는 수준)의 비율이 높아짐을 알 수 있다. 2023년 기준 교육복지대상 학생 중 기초생활수급자가

12,557명(72.04%)으로 비율[21])이 전국 최고인 전북특별자치도는 이 부분에 대해 더더욱 책무성을 가지고 학생들의 기초 학습 능력을 키우는 데 역량을 집중해야 한다.

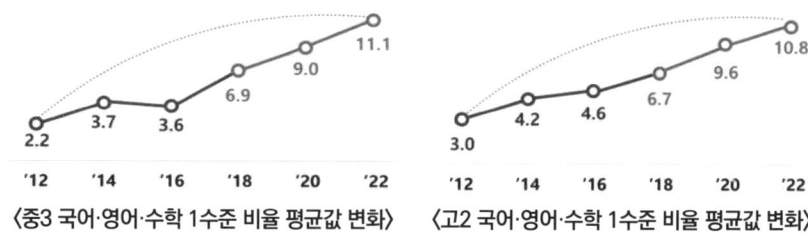

〈최근 10년간 국가수준 학업성취도 평가 결과 기초학력 미달 비율〉

〈중3 국어·영어·수학 1수준 비율 평균값 변화〉   〈고2 국어·영어·수학 1수준 비율 평균값 변화〉

기초 학력은 모든 학습의 기초가 되고 성장의 밑거름이기에 우리는 기초를 다지는 일에 온 힘을 기울여야 한다. 한 아이를 키우기 위해 온 마을이 필요한 것처럼 한 아이의 기초를 튼튼하게 세우기 위해 교육청, 학교, 지역사회, 교사, 학부모 등이 함께 머리를 맞대고 힘을 모아 보다 촘촘하고 입체적인 지원과 맞춤형 교육을 해야 한다. 이를 위해서 그동안 추진되었던 기초 학력 관련 정책들의 효과성 등을 면밀히 검토·분석하여 의미 있고 효과적인 정책사업(교육프로그램)들은 계승 발전시켜 나가야 한다. 그리고 사회의 변화, 기술의 변화 등

---

21) 2023년 교육복지우선지원사업 및 교육복지안전망 운영 현황 조사 결과(수탁기술보고 CTR 2024-05, 한국교육개발원)

필요에 따라 학생들의 기초를 더 튼튼하게 할 수 있는 방향과 방법으로 수정·보완해 나가야 한다. 또한 학교와 학생들을 응원하며 활력을 불어넣을 새롭게 정책사업이나 교육프로그램을 도입하여 학생들의 기초 학력을 튼튼히 해 나가야 한다. 우리가 모든 학생들의 기초 학력 신장을 위해 함께 실천해 볼 수 있는 정책의 방향이나 구체적인 방법들은 제시해 보면 다음과 같다.

첫째, 학교급·학년 수준의 '최소한의 성취기준' 책임 교육 실시를 통해 기초 학습 부진이 누적되지 않도록 한다. 교실 수업에서부터 학교급·학년 수준에서 요구하는 최소한의 성취기준에 도달할 수 있도록 노력한다. 교사들이 교실 수업에 전념할 수 있는 학교 문화를 만들고, 학습 부진이 생겼을 때 즉각적으로 개입(교육)하여 부진을 해결할 수 있도록 한다.

둘째, 전문적이고 체계적인 진단-보정시스템을 운영한다. 국가 기초학력 지원센터 등에서 운영하고 있는 진단-보정 시스템을 활용함과 동시에 우리 지역의 특성과 실정에 맞는 전북 기초학력 진단-보정 시스템을 적극 활용하여 학교 현장에서 정확하게 진단하고 개별 맞춤형 지도와 향상도 평가로 기초 학력을 튼튼히 한다. 특히 정확한 진단을 위해서 기본진단, 통합진단, 심층진단으로 세분화하여 실시한다. 기본 진단은 모든 학생들을 대상으로 출발점에서의 진단을 한다. 최소한의 성취기준을 근거로 학교(교사)에서 자체적으로 제작한 진단 도구나 진단-보정 시스템에서 제공하는 진단도구를 활용하여 진단한다. 통합진단은 기본 진단에서의 학습적인 요소 외에 인지, 심리·정서, 행동, 환경 등 복합적인 요인을 함께 진단하여 학습 부진 요인을 찾아 개별 맞춤형 지원을 하기 위해 실시하는 진단이다. 통합진단은 학생을 중심으로 담임교사를 비롯하여 모든 교직원의 의견을 바탕으로 외부 기관 등과 연계하여 진단을 실시할 수도 있다. 심층진단은 난독이나 경계선 지능 등과 같이 보다 전문성 있는 전문가나 기관의 도움을 받아야 진단을 의미한다. 선생님이나 학부모의 의견을 바탕으로 전문적인 진단을 실시하여 학생에게 필요한 교육이 무엇인지를 파악하여 학생의 기초 역량이 신장될 수 있도록 도와야 한다. 진단이 정확하면 맞춤형 보정, 피드백을 보다 잘 할 수 있게 된다.

셋째, 기초튼튼 3단계 안전망(교실 안, 학교 안, 학교 밖)을 보다 탄탄하게 구축하여 체계적이고 입체적인 지원이 되도록 한다. 매 시간 수업 내용을 따라가지 못하는 학생들을 위한 교실 안에서 학습 부진을 해결할 수 있도록 지원하는 방안, 학교 안에서 학습지원대상 학생들을 위한 개별 맞춤형 기초 학력 신장 프로그램 운영, 학교 밖 지역사회 자원과 연계하여 학생들의 기초 학력 향상을 도울 수 있는 방안 등 3단계 안전망이 체계적이고 상호 유기적으로 작동하여 최소한 기초학력 만큼은 우리 학생들이 갖출 수 있도록 함께 노력해야 한다. 3단계 안전망은 학습지원대상 학생들에게 심리적 안정과 학습 안정감을 주어 기초 학습 능력을 튼튼하게 할 것이다.

넷째, 느린학습자, 난독, 경계선 지능 등 사각지대의 학생들을 위한 맞춤형 지원을 강화해야 한다. 아픈 곳을 치료함에 있어 좋은 처방을 위해서는 아픈 원인을 정확하게 알아야 한다. 그렇듯이 진단 과정에서 학생들의 특성을 정확하게 진단하고 위와 같은 특성을 가진 사각지대의 학생들에게 개별 맞춤형 지원을 강화하여 더딜지라도 조금씩 성장 할 수 있는 기회를 제공해야 한다. 공교육이 지향해야 할 방향은 한 명의 아이도 포기하지 않는 교육이다. 모든 학생들에게 배움의 기회를 공평하게 제공하는 교육이다.

다섯째, 학교내 '기초학력 교실'을 운영하여 풀아웃 수업이나 방과후에 맞춤형 프로그램을 운영할 필요가 있다. 예를 들어 한글을 깨우치지 못한 초등학교 3학년 학생이 교실에서 국어 수업에 참여한다면 그 학생은 국어 수업 활동에서 소외되거나 스스로 학습 효능감이 떨어져 학습 부진이 지속적으로 누적될 것이다. 이러한 경우 학생 본인과 학부모의 동의하에 일정 기간 국어 시간에 풀아웃하여 기초학력 교실에서 한글을 깨우칠 때까지 맞춤형 수업을 진행하여 또래 학생들과 같이 국어 수업에 참여할 수 있는 능력을 키워준다. 학교내 기초학력 교실은 환경적으로 안정감을 주는 공간의 의미도 있지만 교육프로그램의 의미도 담고 있다. 기초학력 교실에 참여하는 학생을 누가 어떻게 지도할 것인가 하는 부분에 대해서는 현장의 다양한 의견을 수렴하여 추진해야 한다. 기초학력 교실을 전담하는 교사나 전담인력이 배치된다면 좋겠지만 인력 배치 부분은 교사 정원, 예산, 학교의 필요와 요구 등을 세밀하여 검토하여 추진할 필요가 있다.

여섯째, 학력지원센터의 역할을 재구조화하여 학교 현장에 실질적인 도움이 될 수 있도록 해야 한다. 학력 신장이라는 지향점을 가지고 있되 기초학력에 보다 집중할 수 있도록 역할을 재구조화할 필요가 있다. 따라서 명칭도 기초학력지원센터로 변경하여 학습의 기초가 되는 기초 학력에 주어진 역량을 집중하여 학생들의 기초 학력을 튼튼히 다지는 역할을 충실히 하도록 할 필요가 있다. 학력이라는 포괄적인 개념을 가지고 접근하다 보면 학력지원센터에는 교육과정-수업-평가에 필요한 정책 사업과 인력까지 배치되어야 가능할 것이다. 모든 학습의 기초가 되는 기초 학력을 높이기 위해 선택과 집중이 필요한 시간이다. 학력지원센터를 기초학력지원센터로 명칭을 변경하는 것은 기초학력에 보다 집중하여 학습의 기초를 더욱 튼튼히 하자는 의미를 담고 있다.

기초 학력의 필요성과 중요성에 대해서는 모두가 공감하고 있다. 각 주체들의 지속적이고 다양한 노력은 계속되어 왔다. 그동안 추진되어 왔던 다양한 정책과 노력을 무너뜨리고 방식이 아니라 이어주는 교육이 되도록 해야 한다. 분야와 정책사업에 따라 다소 차이는 있겠지만 기초학력 분야는 새로운 정책도 중요하지만 앞에서도 언급하였듯이 그동안 실천해 왔던 기초학력 정책 사업 및 교육프로그램을 면밀하게 검토하여 계승발전, 수정보완하여 보다 세밀하고 촘촘하게 설계하여 학생들이 기초를 튼튼하게 다져 더 높게 성장할 수 있도록 돕는 정책이 되도록 해야 한다. 학생들의 삶을 응원하는 정책이 되도록 해야 한다.

우리는 결국 기초학력을 튼튼히 함으로써 한 사람도 낙오되지 않는 교육, 한 사람도 포기하지 않는 교육, 모두가 저마다의 색깔로 빛날 수 있는 교육을 실현해가야 한다.

2. 차근차근 진짜 공부를 해야 해!

공부란 무엇이며, 진짜 공부는 무엇일까? 사람마다 생각하는 공부는 다양하여 다를 수 있다. 우리들이 쉽게 떠올리는 공부는 학교에서 교과서를 가지고 배우고 익혀 지식과 기능을 습득하는 공부도 있고, 살아가는데 필요한 다양한 역량을 키우는 공부도 있다. 공부에 대한 생각이 저마다 다르더라도 공부가 내가 꿈꾸고 목표하는 바를 이루어가는 과정으로 어떠한 분야의 학문과 기술을 배우고 익히다는 의미에는 모두가 동의할 것이다. 지식을 습하는 것뿐만 아니라 다양한 기술을 익히는 것도 공부이고, 상담과 같이 사람들의 마음을 위로하고 공감하는 능력을 키우는 것도 공부하고, 예체능의 기능을 익히는 것도, 생각의 힘을 키우는 것도, 맛있는 요리를 만들기 위한 과정도 공부이다. 이렇게 다양한 공부를 전부 이야기하기에는 다소 어려움이 있어 여기에서는 학생을 중심으로 우리 교육에서 어떻게 하면 우리 학생들이 학교 안과 밖에서 더 잘 배우고 잘 익혀 자신이 꿈꾸고 바라는 바를 이루어갈 수 있을까를 같이 생각해 보고자 한다.

모든 부모들은 공부를 매우 중요하게 생각한다. 그래서 자녀들이 성장하여 더 좋은 학교에 진학하고, 더 좋은 직업을 선택할 수 있는 능력을 길러주기 위해 유년기부터 가정에서부터 시작하여 공교육과 사교육에 이르기까지 많은 공부를 하게 한다. 우리 사회가 공부가 얼마나 중요하게 생각하는지 출간된 책 제목들 중 '10대, 꿈을 위해 공부에 미쳐라', '20대, 공부에 미쳐라', '30대, 다시 공부에 미쳐라', '40대, 다시 한 번 공부에 미쳐라', '공부중독', '공부하다 죽어라' 등이 있다. 이렇게 우리 사회는 공부에 관심이 많으며 자녀의 공부를 위해서라면 많은 시간과 돈을 아깝게 생각하지 않는다. 오죽했으면 책 제목에 공부에 미쳐라, 공부하다 죽어라 라는 표현이 등장했을까를 생각하면 씁쓸한 느낌을 지울 수 없다.

보통의 경우 우리 학생들은 유년기부터 엄청난 양의 공부를 한다. 그래서인지 한국교육과정평가원에서 발표한 「OECD 국제 학업성취도 평가:PISA 2022 결과 보고서(연구보고 RRE 2023-10)」에 의하면 수학 영역에서 우리나라 평균 점수는 527점으로 OECD 37개국 중 1~2위, 전체 참여국 81개국 중 3~7위이었고, 읽기 영역에서는 515점으로 OECD국 중 1~7위, 전체 참여국 중 2~12위를 나타냈다. 과학 영역에서도 528점으로 OECD국 중 2~5위, 전체 참여국 중 2~9위를 나타내 전반적으로 상위권에 위치하였다. 그런데 수학 및 수학 수업에 대한 인식에서는 상반된 결과가 나왔다. '수학 불안', '수학 자기효능감', '수학에서의 노력과 끈기'를 중심으로 수학에 대한 신념을 분석한 결과 우리 나라 학생들은 OECD 평균보다 낮거나 부족한 것으로 나타났다. 또한 우리나라 학생들의 자기주도학습에 대한 자신감은 OECD 평균보다 낮았다.

공부는 많이 하는데 학년이 올라갈수록 학습 흥미와 학습효능감이 떨어지는 경우가 많다. 학교 교육은 상위권의 학생들에게만 의미있는 공부가 아니라 모든 아이들에게 의미있는 공부가 되어야 한다. 학교 교육이 공부를 할수록 지쳐가고 무기력해지지 않고, 학습효능감이 커지고 꿈이 많아져 하고 싶은 일이 많은 활기찬 학창시절이 보내는 진짜공부를 할 수 있도록 도와야 한다. 저마다 의미있는 진짜 공부가 될 수 있도록 우리 어른들이 무엇을 할 수 있을까? 다행인 것은 위에서 살펴본 OECD 국제 학업성취도 평가에서 '학교 소속감'과 '학교 안정감'을 통해 학교생활에 대한 학생들의 인식을 분석한 결과, 우리나라 학생들의 학교 소속감이 OECD 평균보다 높았고, 학교가 안전하다는 인식도 OECD 평균보다 높았다는 결과가 나왔다. 즉, 학교 교육에 대한 희망이 유효하다는 점이다. 여전히 학교에 대한 소속감을 가지고 학교를 안전한 공간으로 생각하는 학생들에게 우리는 교육을 통해서 진짜공부가 가능하도록 도울 수 있다. 모두의 진짜 공부를 위해서 우리 교육이 어떻게 나아가야 할까?

첫째, 지식을 기반하되 역량을 키우는 교육이 되도록 해야 한다. 예전의 공부는 '이거 알아?'와 같이 지식 중심이었다면 현재와 미래를 살아가는 데 필요한 지금의 공부는 '할 수 있어?'와 같이 지식을 활용할 수 있는 역량을 키우는 공부가 되어야 한다.

2022 개정교육과정에서는 학생에 학습을 통해 길러주어야 할 핵심역량으로 자기 관리 역량, 지식정보처리 역량, 창의적 사고 역량, 심미적 감성 역량, 의사소통 역량, 공동체 역량을 제시하고 있다. OECD에서는 미래핵심역량으로 도구를 상호작용적으로 활용하는 능력, 이질적인 집단에서 사회적 상호작용 능력, 자신의 삶을 자주적으로 관리할 수 있는 능력을 말하고 있으며, 유네스코에서는 미래 대비 필요한 역량으로 알기를 위한 교육(Learning to Know), 실천을 위한 교육(Learning to Do), 함께 살아가기 위한 교육 (Learning to Live Together), 존재를 위한 교육(Learning to Be)을 말하고 있다.

학습에 있어 기초·기본 지식이 밑바탕이 되어야 한다. 혹자는 AI를 활용함에 있어 지식이 더 중요해졌다고 말한다. 그 이유는 AI는 인간이 요구하는 명령에 따라 정보를 제공해주기 때문에 명령을 내리는 인간이 지식을 많이 가지고 있을수록 AI를 보다 효과적으로 사용할 수 있다고 한다. 이렇듯 지식도 중요하다. 하지만 더 중요한 것은 그 지식을 활용하고 재창조하는 능력을 키워야 한다. 지식을 활용하여 자신의 언어로 표현하고 기능을 익혀 삶 속에서 유용하게 활용하는 능력을 키우는 데 우리는 더 많은 관심과 노력을 기울여야 한다. 이를 위해서 역량을 키우는 수업과 평가가 되도록 교실 수업의 변화와 혁신을 꾀해야 한다.

둘째, 학생들에게 꿈을 찾아주어야 한다. 어린 시절부터 자신의 관심과 필요와 상관없이 공부를 강요받은 많은 아이들은 시간이 흘러 무기력한 반응들이 보인다고 한다. 「요즘 아이들 무기력의 비밀(김현수, 2025)」에서는 자신이 하고 싶은 공부와 무관하게 대학 진학에 필요한 공부만 강요받으면서 공부에 흥미를 잃고 '아무것도 하고 싶지 않아요.', '나 좀 그냥 내버려 두세요.', '할 만한 힘이 없어요.', '열심히 해야 할 이유가 무엇인가요'와 같은 무기력한 반응을 보이는 아이들이 늘어나고 있다고 말하고 있다. '부모는 멀리 보라 하고 학부모는 앞만 보라 합니다. 부모는 함께 가라 하고 학부모는 앞서가라 합니다. 부모는 꿈을 꾸라 하고 학부모는 꿈꿀 시간을 주지 않습니다. 당신은 부모입니까 학부모입니까'라는 광익광고협의회 TV 광고 문구를 되새겨본다. 성장하면서 꿈이 커가야 하는데 오히려 꿈이 작아지고 쪼그라들고 포기하고 '꿈이 있어야 되나요?'라고 반문하는 현상에 대해 우리 어른들이 다시금 교육을 생각해 보아야 한다. 우리들은 자녀들에게 진짜 공부를 하게 하였는가? 자녀들의 꿈을 키우고 맘껏 꿈을 펼칠 수 있도록 공부를 하게 도왔는가? 진짜 공부는 학생들의 꿈을 찾아주는 일에서부터 시작되어야 한다. 공부 자극이 일어나도록 도와야 한다. 호기심을 가지고 새로운 공부에 대한 끊임없는 탐구가 지속되도록 넛지처럼 지나치게 간섭하지 않되 방향을 잡고 계속 나아갈 수 있도록 도와야 한다.

　꿈은 하나가 아니다. 한가지 기준으로 줄세운다면 그것은 꿈이 아니다. 꿈을 가장한 경쟁에 불과하다. 꿈은 자유로워야 한다. 우리 아이들이 다중 지능을 가지고 있으며 다양성을 지닌 존재로 존중되어야 저마다의 꿈이 살아난다.

인간의 재능은 다차원적이다. 다른 사람들의 재능의 들쭉날쭉성, 즉 우리 아이들, 직원들, 학생들의 들쭉날쭉한 측면을 인정할 줄 알게 되면 그들의 미발굴된 잠재력을 알아보고 그런 강점을 제대로 활용하도록 이끌어주는 동시에 약점을 간파해 그 약점을 개선하도록 도와줄 가능성이 그만큼 높아진다(토드 로즈. 2021).

셋째, 공부 소비에서 공부하기(doing)로 전환해야 한다. 공부는 남이 해주는 것이 아니라 내 손으로 직접 해야 내 것이 된다. 아침에 학교에 등교하여 수업을 듣고 방과후에 학원 몇 군데를 거치면서 또 수업을 듣고 저녁 늦게 귀가하는 학생들은 가방을 내려놓고 오늘 하루 공부를 다했다라고 생각하는 경향이 있다. 하루 동안 많은 공부를 하였다. 수업의 방식에 따라 차이는 있겠지만 그 과정을 자세히 들여다보면 자신이 직접 읽고 쓰고 필요한 내용을 정리하여 자신의 것으로 만들어 내는 과정보다 선생님의 설명하는 수업을 수동적으로 참여하는 것에 그치는 경향이 많다. 공부를 많이 하는 것도 중요하지만 공부가 물건을 사는 쇼핑처럼 잘 만들어진 제품을 사는 소비에 그치지 않도록 해야 한다. 학습량이 많고 복잡하며 어려운 것일수록 자신만의 방법과 자신만의 언어로 구조화하고 정리하여 자신의 것으로 만들어 내는 공부를 해야 한다. 결국 공부는 스스로 필요에 의해 찾아보고 풀어보고 질문하고 정리하는 과정을 거쳐 내 것으로 만들어 내야 한다. '생각하는 손'이라는 말은 결국 공부는 머리로만 하는 것이 아니라 머리와 가슴으로 받아들인 지식들을 자신의 것으로 만들어내기 위해 읽고 쓰고 풀어보고 정리하는 과정이 중요함을 의미한다고 할 수 있다. 배움은 머리(앎)을 넘어 손(다룸)으로 옮겨와야 한다. 그래서 비로소 자유로워질 수 있다. 도구를 능수능란하게 다루는 생각하는 손은 자유로운 손이다.(엄기호, 2018) 우리가 추구해야 할 공부는 공부 소비가 아니라 공부 하기가 되도록 해야 한다.

넷째, 공부 하기를 위해서 우리는 학습 코칭을 활성화하고 좋은 공부 습관을 가질 수 있도록 정성을 다해야 한다. 학생들이 공부 소비에 익숙해지다 보니 자기 공부를 어떻게 해야 할지 몰라 혼자 고민하다가 시간만 낭비하는 경향이 있다. 공부를 잘하고 싶은 마음은 누구나 있다. 그런데 공부하는 방법을 몰라 공부 하기를 어려워하는 학생들이 의외로 많다. 공책을 어떻게 정리해야 하나? 복잡한 것을 어떻게 구조화해야 하나? 시간 관리는 어떻게 해야 하나? 장기 기억으로 가져가기 위한 암기 전략은 무엇인가? 과목에 따라 어떻게 공부를 해야 하나? 등에 대한 구체적이고 체계적인 방법을 배워본 경험이 별로 없다.

최근 전북특별자치도교육청(2025)에서 발간한 「전북 초등 학습코칭 도움자료」를 살펴보면 자기이해, 생활 습관 관리, 시험 불안, 스마트폰 사용 습관, 학습 동기 및 목표 설정, 시간 관리 및 플래너 활용, 주의 집중 전략, 읽기 전략, 질문 전략, 공책 정리 전략, 교과별 학습 전략, 기억 전략 등의 영역으로 구분하여 학습코칭 문진 체크리스트를 제공하고 이에 따른 활용 안내 및 자료를 담고 있다. 실제 학교 현장에서 얼마나 관심을 가지고 활용을 하는지에 대한 모니터링이 필요하지만 교실 수업에서 선생님들이 학습 목표 도달을 위한 다양한 수업 연구와 실천과 더불어 학생들에게 자기 이해를 바탕으로 학습하는 방법을 지도한다면 학습 효과는 크게 향상된다. 이러 학습 코칭 도움 자료가 학교에 보급되는 자료로 그치지 않고 학교 현장에서 적극 활용될 수 있도록 정책을 펼쳐나가야 한다. 유대들의 지혜서인 탈무드에서 자식에게 물고기를 잡아 주기 보다 물고기 잡는 법을 가르쳐주어야 한다고 이야기하듯이 학교현장에서 학습 코칭을 통해 학생들의 학습 역량을 키워 자기 스스로도 충분히 학습하는 힘을 길러준다면 성취기준에 따른 학습 목표 도달은 물론 장기 기억으로 연결되어 학습 효과를 더 높일 수 있게 된다. 이미 배운 자가 아니라 배울 줄 아는 자로 키워내는 것이 우리 교육이 나아가야 할 방향이다.

학습 코칭은 그 무엇보다 자기 주도적 학습에 있어서 매우 유효한 전략이다. 자기 주도적이라는 말을 모든 것을 스스로 알아서 해야 한다고 생각하는 사람들이 있다. 스스로 알아서 하는 것은 맞지만 그 곁에 코칭하는 사람이 꼭 있어야 한다.

이해를 돕기 위해 프로야구 선수를 예로 들어본다. 프로선수라면 그 분야에게 실력을 인정받은 일정 수준에 도달한 사람이다. 다른 사람들을 가리칠 수도 있는 실력의 소유자이다. 그런데 그 프로야구 선수 곁에는 타격코치, 주루코치, 수비코치 등이 있다. 선수가 더 성장할 수 있도록 훈련하면서 선수에게 필요한 코칭을 한다. 특히 선수가 잘 할 때 보다 슬럼프에 빠질 때에 코치의 코칭은 더욱 중요하다. 선수는 각 분야의 코치로부터 코칭 받은 내용을 자신의 것으로 만들어가기 위해 구슬땀을 흘리며 노력한다. 수준 높은 실력을 가진 프로 선수에게도 코칭을 하는 코치가 있듯이 엄청난 가능성을 가지고 있는 우리 아이들에게도 성장을 돕기 위해 어른들이 곁에서 애정어린 코칭을 해주어야 한다. 자기 주도성은 혼자 저절로 생기는 것이 아니라 곁에서 적절하게 개입하고 도와주는 코칭이 있어야 한다. 학습에서도 학생 개별 특성에 맞는 맞춤형 학습 코칭을 통해 학습하는 힘을 길러준다면 우리 아이들의 실력은 쑥쑥 올라갈 것이다.

　학습 코칭과 더불어 좋은 학습 습관을 갖도록 돕는다면 우리 아이들은 더 크게 성장할 것이다.

　노벨문학상을 수상한 한강 작가는 「빛과 실」에서 다시 책상 앞에 오래 앉아 있을 수 있게 매일 시집과 소설을 한 권씩 읽으며, 문장들의 밀도로 다시 충전되려고 스트레칭과 근력 운동과 걷기를 하루에 두 시간씩 한다고 말하고 있다. 좋은 글을 쓰기 위한 작가의 하루를 살아가는 삶의 루틴, 삶의 습관이다. 이러한 삶의 루틴이 있었기에 훌륭한 작품들을 쓸 수 있지 않았을까 싶다.

박해받는 노동자의 해방이라는 뜻의 필명을 쓰고 있는 박노해 시인의 시집 「그러니 그대 사라지지 말아라」에 실린 시 '부모로서 해줄 단 세가지'에서는 부모가 자녀들에게 물려주어야 할 좋은 습관에 대해 다음과 같이 말하고 있다.

평생 가는 좋은 습관을 물려주는 일이다. 자기 앞가림은 자기 스스로 해나가는 습관과 채식 위주로 뭐든 잘 먹고 많이 걷는 몸생활과 늘 정돈된 몸가짐으로 예의를 지키는 습관과 아름다움을 가려보고 감동할 줄 아는 능력과 책을 읽고 일기를 쓰고 홀로 고요히 머무는 습관과 우애와 환대로 많이 웃는 습관을 물려주는 일이다.

진짜 공부를 한다는 것은 단순히 남이 만들어 놓은 지식을 소비하는 데 그치지 않고 자기 손으로 직접 공부를 하는 것이다. 자기 공부는 혼자 알아서 하는 것이 아니라 개인의 특성에 따라 적절한 학습 코칭이 필요하다. 학습하는 힘, 학습하는 방법을 알고 자신에 맞는 공부 방법을 찾아 공부를 할 때 진짜 공부를 하게 된다. 공부하는 방법을 가르치는 어른, 좋은 공부 습관을 길러주는 어른이 우리 아이들의 미래를 더 밝게 빛나게 할 것이다.

3. 삶을 풍요롭게 하는 예체능 교육

공부를 머리로만 할 수는 없다. 읽기 쓰는 공부도 있지만 체육활동과 예술활동으로 몸과 마음을 더욱 튼튼하고 행복을 더해 삶의 균형을 이루고 풍요롭게 하는 공부도 있다. 읽고 쓰는데 필요한 힘, 오랫동안 앉아 있을 수 있는 힘, 집중하는 힘, 절제하는 힘, 스트레스나 압박감을 이겨낼 수 있는 힘도 필요하다. 이 모든 것이 체력, 심력, 지구력, 인내력, 집중력이라고 표현할 수도 있다. 결국 내가 하고 싶은 공부를 위해서는 기본적인 체력이 필요하다. 우리가 건강하지 않으면 하고 싶은 일도 맘껏 할 수 없게 된다. 체력이 약한 사람은 집중력과 인내력, 지구력 등이 떨어져 오랜 시간 공부하는 데 힘들어하게 된다. 요즘 학생들이 스마트폰과 게임 등으로 신체활동이 확연하게 줄어들면서 저체력학생들이 늘어나고 있다.

우리는 행복한 삶을 살아감에 있어 기초 체력을 튼튼하게 길러야한다. 기초 체력을 바탕으로 우리가 꿈꾸고 바라는 것들을 이루어 갈수 있다. 신체활동으로 건강한 몸을 만들면 집중력과 지구력 등을 향상시키고, 스트레스 해소를 통해 마음의 안정을 찾아 공부에 몰입할수 있게 된다. 이를 위해서 1인 1스포츠로 즐기는 체육활동, 초등 저학년이나 저체력 학생들에게 맞춤형 신체활동 등을 강화하여 기초

체력을 길러주어야 한다. 일상을 살아가는 데 필요한 기초 체력도 기르고 체육 분야에 재능을 가진 학생들이 자신의 꿈을 찾아갈 수 있도록 돕는 체육교육이 되어야 한다. 건강한 체력은 건강한 삶의 밑바탕이 된다. 학교 교육에서 학생들의 기초체력, 건강한 체력이 길러질 수 있도록 다양한 스포츠 활동과 맞춤형 신체 활동을 강화해 나가야 한다.

예술 활동은 창의성과 융합적 사고력 신장에 큰 도움이 된다. 또한 예술을 통해 감정을 표현하면서 정서적 안정감을 갖게 되며, 다양한 표현력이 향상된다. 어린 시절부터 다양한 예술적 재능을 계발하고 뽐낼 수 있는 기회를 많이 제공해야 한다. 미래의 K-POP을 이끌어 갈 예술인, K-Culture를 창조해 나갈 예술인으로 성장하는 데 밑거름이 되는 학교 예술 교육을 활성화해야 한다. 교육과정 내에서의 학교예술교육을 내실화하고, 학생 맞춤형 예술 교육을 지원하여 1학생 1예술활동이 활성화되도록 한다. 또한 지역사회와 연계한 지역 예술 자원을 적극 활용하여 예술교육을 확장하여 예술감수성을 더욱 키워야 한다.

이러한 예체능 교육은 우리 학생들의 건강한 삶의 밑바탕이 되며, 삶을 더욱 풍요롭게 하여 행복한 삶을 영위하게 될 것이다.

IV

실력 쑥쑥!
학력을 넘어
실력을 키우는 학교

- 모두를 성공으로 이끄는 실력 있는 전북교육
- 정서·관계 기반의 성장 환경 구축
- 기초학력과 기초소양 강화
- 맞춤형 진로, 직업 교육 강화
- 탄탄한 교육과정, 모두가 잘 배우는 수업,
  성장을 촉진하는 평가

시작하는 말

「실력 쑥쑥! 학력을 넘어 실력을 키우는 학교」는 단순히 학력(점수)을 높이는 것이 아니라, 스스로 배우고, 문제를 해결하고, 협력하며, 세상을 변화시키는 평생의 힘을 키우는 학교이다. 학교는 교육과정-수업-평가가 하나의 순환 체계로 작동하고 유치원, 초등학교, 중학교, 고등학교 및 특수교육이 공동의 비전 아래 유기적으로 연계된다. 교육청은 이 체제를 가동시키고 관리하며 지원하는 통합적 플랫폼 역할을 하고 교육감은 이를 책임지는 존재이다. 학교 교육의 비전과 변화 방향에 대해서는 학생, 교사, 학부모, 지역주민이 함께 참여하여 우리 학생들에게 가장 좋은 교육의 방향이 무엇인지를 결정한다. 또한 갈등과 쟁점에 대해서는 지역 산업, 대학, 지자체, 시민 단체가 광범위하게 참여하는 교육거버넌스를 기반으로 사회적 합의를 이끌어내고 특정 개인이나 단체의 이해관계를 넘어 공동체 전체를 위해 흔들림없이 추진한다. 이런 체제 하에서 모든 학교가 학생의 삶 전체를 준비하는 교육과정, 학생 모두가 잘 배우는 수업, 학생의 성장을 도와주는 평가를 각각 학교 고유의 색으로 다양하게 구현한다. 그러면 우리 지역의 아이들은 누구나 가정 배경이나 환경에 상관없이 학교 교육을 통해 자신의 재능과 잠재력을 발현시켜 자아를 실현하고 더불어 공동체에 기여하는 삶을 가꾸어 갈 수 있을 것이다. 이것이 내가 꿈꾸는 교육이고 학교이고 학생이다.

「실력 쑥쑥! 학력을 넘어 실력을 키우는 학교」을 이루어 낼 핵심 비전을 '모두를 성공으로 이끄는 실력 있는 전북교육'으로 표현하고자 한다. 실력(實力)은 스스로 배우고, 문제를 해결하고, 협력하며, 세상을 변화시키는 평생의 힘이다. 실력 있는 전북교육은 모든 아이들이 자신만의 속도로 배우고 성장하며 각자의 실력을 인정받는 포용적 교육체제이다. '모두를 성공으로 이끄는 실력 있는 전북교육'은 현재 우리 지역이 직면한 교육의 위기와 해법에 관한 몇가지 질문을 통해 구체적인 방향과 내용을 제시할 수 있다.

1. 지역이 당면한 복합적인 교육의 위기는 무엇인가?

　전북의 교육은 지금 커다란 위기를 맞이하고 있다. 전북은 우리나라 전체의 구조적 문제 이외에 전국 평균보다 낮은 1인당 근로소득, 낮은 출생율과 인구 감소 등 구조적 리스크가 가중되어 있다. 이러한 지역 여건은 교육 격차를 구조적으로 심화시킨다. 더 이상 학생의 학력 또는 학업성취는 학생 개인의 노력으로만 해결할 수 없다. 국내외 관련 연구에 의하면 부모의 사회경제적 지위(SES: 부모 학력·소득·직업)가 자녀의 학업성취도와 진학, 나아가 평생의 학습경로에 유의미한 영향을 준다는 것은 이미 입증된 사실이다. 관련 연구에 의하면 부모의 사회경제적 지위(SES)가 높을수록 자녀의 학업성취도·진학률이 높고, 낮은 SES 학생이 몰려 있는 학교일수록 학교 평균성취가 낮고, 학생 간 격차가 확대되었다. 또한 부모의 SES는 자녀 자아개념·학습동기등에 영향을 주며 학업성취로 이어진다.

　전북은 전국 평균보다 낮은 1인당 근로소득, 학생 수 및 학교 수 감소 등의 위기에 처해 있다. 지역 보도에 따르면 전북의 1인당 근로소득은 전국 평균의 87% 수준으로 17개 시도 중 15위 수준이다

〈'전북 임금 수준 취약 1인당 평균 급여 전국 15위 수준, 노컷뉴스 ('25.1.20.)〉[22]. 지역의 경제적 기반이 취약하고 사회적 양극화가 심화되면서 지역의 많은 학생들이 경제적 어려움이나 가족의 해체로 인해 적절한 보살핌을 받지 못하고 기초학력 결손, 신체적, 심리·정서적 위기 등에 복합적으로 노출되어 있다. 질병관리청 통계에 의하면 전북 학생의 학교생활 만족도는 전국 최하위, 교사와의 관계 만족도가 전국 최저에 가깝다. 또한 스트레스와 우울감 경험률은 각각 46.1%, 30.4%로 전국 최고 수준에 이른다[23]. 우리지역의 학생들의 학업 성취의 기반이 되는 학습동기, 자존감, 정서적 안정감, 심신의 건강이 타지역에 비해 매우 취약한 것이다.

전북의 경제적 여건과 학생들의 위기는 우리지역의 기초학력 미달 학생 비율에 영향을 미친다. 그간 우리지역은 전국에서 가장 높은 기초학력 미달 학생 비율로 어려움을 겪어왔다. 최근 3년간 도교육청은 학력신장을 강조하며 사이 '진단-지원 체계' 정비와 인력투입, 프로그램 운영을 확대하고 2024년 진단 검사 결과 미달학생 수

---

22) https://www.nocutnews.co.kr/news/6280394?utm_source=chatgpt.com

23) 2024 전라북도청소년 스트레스 인지율/ 우울감 경험율, 전북특별자치도정신건강복지센터, https://jbmhc.or.kr/sub.php?idx=16&menukey=119&utm_source=chatgpt.com https://jbmhc.or.kr/sub.php?idx=17&menukey=119&utm_source=chatgpt.com

가 지난 해에 비해 감소했다고 발표했다[24]. 하지만 진단검사 결과를 그대로 기초학력 향상으로 해석하기에는 무리가 있다. 현장교사들이 체감하는 기초학력 미달 학생은 전혀 나아지지 않았거나 오히려 증가하고 있다. 기초학력 미달과 학습결손 문제는 개인의 다양한 위기가 중첩되어 나타나는 결과이기 때문에 진단평가 실시로 단기간에 개선될 것이라고 기대하기도 어렵다. 실제로 우리 지역의 중고등학교 단계에서 기초학력 미달이나 학습 포기 현상이 가시화되고 있다. 지역 언론 보도에 따르면 고교 수학 A등급 비율이 7.7%로 전국 최하위 수준이라고 한다. 전국 평균이 16.5%이며 제주가 27%로 가장 높았다〈전북 고교생 수학 A등급 7.7.%... 전국 최하위', JTV 뉴스, '25.5.10.〉[25].

전국적인 상황으로 비추어 보아도 우리지역의 기초학력 문제는 위와 다르지 않다. 우리나라 전체적인 기초학력 미달 비율은 해마다 증가추세[26]이며 특히 지역별 규모별 격차가 증가하고 있다. 2024년 국가수준성취도 평가 결과, 중3 국어에서 3수준(1,2,3수준 중 가장 높

---

24) 전북교육청 발표에 의하면 2024년 진단검사결과 2023년에 비해 미달 학생수가 초등은 평균 37.2%, 중·고등은 12.4%의 감소함(https://www.jjn.co.kr/news/articleView. html?idxno=992883&utm_source=chatgpt.com)

25) https://jtv.co.kr/2021/?c=3/45&uid=2193374

26) 2024학년도 국가수준성취도평가 결과, 국어, 영어, 수학 과목에서 기초학력 미달 학생의 비율은 약 7~13%에 존재하며 이들은 중3 국어, 고2 수학, 영어를 제외하면 전년보다 증가함 (2026 대한민국교육트랜드)

은 수준) 이상 비율이 대도시는 71.9%, 읍·면 지역은 58.2%로 읍·면 지역의 하위권 비중이 뚜렷했다. 이를 근거로 볼 때, 우리 지역은 농산어촌과 소규모 학교의 비율이 상대적으로 높기 때문에 기초학력에서 하위권의 비율이 높을 것이고, 도내에서도 도시와 농산어촌간, 대규모학교와 소규모 학교간 격차가 상당이 클 것이다. 결론적으로 우리지역의 기초학력 미달은 쉽게 해소되기 어려운 상황이다.

또한 학력 격차 문제가 심각하다. 신문 보도에 의하면 전북의 학생 1인당 월평균 사교육비는 34만 4천 원으로 전국 평균 47만 4천 원보다 낮다〈전북 초중고 평균 사교육비 34만 4천원... 13.8% 증가, 전주일보('25.3.13.)〉[27]. 사교육 참여율은 71.4%로 전국 최하위권이지만 사교육비 증가율은 최근 5년간 약 52% 증가하였다. 우리 지역의 사교육비가 낮다는 것은 '사교육이 필요 없는 지역'이어서가 아니라 사교육을 감당할 가정이 많지 않다고 해석 할 수 있다. 즉 사교육 부담이 적은 것이 아니라 가계 경제 여건이 나쁘거나 선택권이 제한적이기 때문이다. 이로 인해 지역내에서의 학력 격차, 수도권 및 타시도와의 교육격차는 갈수록 심화되고 있다. 또한 가정 여건 때문에 한번 공부에서 멀어지면 좀처럼 그 간격을 따라잡지 못하고 학업에서 밀려나는 아이들도 증가하고 있다.

---

27) https://www.jjilbo.com/news/articleView.html?idxno=305783&utm_source=chatgpt.com

또한 학생 수 감소에 따른 소규모 학교의 증가는 또 다른 위기 요인으로 작용한다. 지역의 인구는 지속적으로 감소추세이고, 출생률도 낮아 우리는 지금 지역소멸의 위기에 처해 있다. 전북교육청 통계자료에 의하면, 학생 수 60명 이하 소규모 학교가 전체의 40%에 달하며, '입학생 없는 학교'까지 등장하는 것이 현실이다. 소규모 학교는 교과선택권·교사전문성·교육과정 다양성면에서 제약이 따를 수 있다. 특히 중고등학교에서는 이문제가 더욱 심각하다. 교사가 전과목을 가르치는 초등학교와는 달리, 특정 교과 교사별로 수업이 진행되는 중고등학교는 교사 수급 상태가 곧 교육과정을 결정하기 때문에 교육과정 부실 운영 위험이 크고 이는 교육격차로 이어질 수 있다. 현재 고교학점제를 시행하는 고등학교에서는 이런 한계로 인한 교육격차 우려가 가시화되고 있다.

이는 학생들의 수능 성적 결과로도 확인할 수 있다. 수능 성적이 곧 학생들의 학력, 혹은 실력이라고 보기는 어렵지만, 현재 전북교육청에서 최근 3년간 수능점수를 중시로 하는 학력신장 정책을 적극적으로 추진해왔기 때문에 수능 결과 분석을 살펴보는 것도 현실 인식에 시사하는 바가 크다. 언론 보도에 따르면 지난 3년간의 수능 성적 분석 결과, 우리지역의 상위권 학생은 줄어들고 하위권이 늘어난 것으로 나타났다〈'학력 신장 외쳤지만...수능 성적 '뒷걸음', JTV뉴스

('25.6.12.).'[28] 보도가 인용한 2024년 수능성적결과분석자료(한국교육과정평가원)에 의하면 표준 점수를 기준으로 전북 학생들의 국어 영어 평균이 전국 평균보다 낮았고, 1~2등급 비율은 모든 과목에서 해마다 줄어드는 반면 하위권인 8~9등급 비율은 증가 추세를 보였다. 고등학교 현장교사들의 인터뷰에 의하면 학생들의 무기력과 학습 포기도 심각하다. "8~9(등급)가 느는 게 진짜 큰 문제거든요. 아예 의욕이 없는 상태예요. 잘할 수 있게 도와주고 그런 것들이 이제 좀 이제 돼야 되는데 그게 좀 많이 무너져있는 느낌이죠". 이에 대해 도교육청 담당자는 학력 신장을 위해서는 학생들이 자기주도적으로 학습하고 학습 습관을 기르는 것이 필요함을 강조했다. 틀린 말은 아니다. 하지만 우리가 직면하는 학습의 위기는 개인의 노력 차원을 벗어나는 사회구조적인 문제에 가깝다. 즉 전북교육의 위기는 단순한 학력 문제가 아니라 경제·인구·학교 구조·삶의 질·기회 불평등이라는 복합적인 위기에서 비롯되는 것이다.[29] 하지만 그간 우리는 지역의 특수성과 맥락을 충분히 고려한 대응책을 마련하지 못했다. 사회 구조적인 불리함에 처한 학생 개인은 학습 결손과 격차를 누적시켜왔고, 이에 학교교육이나 지역 사회도 적절하게 대응하지 못해온 측면이 크다.

---

28) https://jtv.co.kr/2021/?c=3/11&uid=2193986

29) 천호성, 전북교육포럼 발표 내용('25.9.17.)

결론적으로 전북의 낮은 1인당 소득, 농산어촌 중심의 인구 구조, 높아진 아동·청소년 빈곤율, 전국 최상위의 스트레스·우울감 지표, 그리고 소규모학교 40%라는 지역적 조건이 복합적으로 작용하면서 전북의 학력은 구조적 위기를 맞고 있다. 따라서 우리지역은 낮은 가계소득과 지역경제 약화로 인해 기초학력이나 학습결손으로 어려움을 겪는 학생이 타지역에 비해 많을 수밖에 없다. 또한 지역의 사교육비가 낮고 참여율이 낮음에도 사교육의 선택이 가능한 상위 집단은 상대적으로 더 질 높은 사교육 이용 가능하기 때문에 지역내 학습 기회 격차도 심화된다. 지역 전체로 보면 지역적 특성상 소규모 학교가 많고 전체적으로 낮은 SES가 타지역과의 학업성취 격차로 이어질 위험이 크다. 지역의 구조적 여건과 학생 개인의 환경이 복합적으로 작용할 경우, 학생의 학습 결손이 발생하고 그 격차가 누적되기 쉬운 구조가 형성되어 있다. 학생들의 학습결손이나 낮은 학업 성취는 학습과 진학, 진로에서 낮은 성과로 나타나고 이는 다시 지역·계층 간 격차 재생산으로 이어지게 될 위험이 크다. 이제 시대의 변화와 지역의 현실을 고려한 새로운 접근방식과 정책이 필요하다.

2. 지금의 학력 신장 정책은 실효성이 있는가?

지금 전북교육은 지역의 미래를 위해서 지금 해야 할 일이 너무나 많다. 우리가 처한 교육위기를 극복하기 위해서는 과거의 틀과는 다른 접근법으로 전환해야 하는 국면에 와 있다. 우리 지역 학생들의 학력신장은 전통적인 학력신장보다 깊이와 범위면에서 확장되어야 하고, 유초중고를 연계하며 지역 맥락을 고려하는 통합적인 접근이 필요하다.

현재 전북교육청의 학력신장 정책은 전통적인 정책수단인 비교와 경쟁 압박, 자율학습이나 보충수업 등 수업과 학습 강요 등으로 접근하고 있고 최종적인 성과는 주로 수능 성적과 수도권 최상위권 대학 입학률로 결정된다. 하지만 수업량을 늘리고 '한 등급 올리기 프로젝트'나 '우수자 장학금 지급'과 같은 경쟁과 보상 방식으로는 전통적인 의미의 학력을 올리는 것조차도 실효성이 떨어진다. 앞에서 말한 것처럼 현재의 학력신장정책은 수능 점수나 수도권 대학 최상위권 대학 진학에 있어서도 기대한 만큼 성과를 거두기 못하고 있기 때문이다. 우리 사회에서 학력 경쟁은 사회구조적 문제와 연결되어 있기 때문에 학생 개인이 처한 학습 환경, 개별적인 학습 이력, 학습 동기 등을 통합적으로 고려하고 부족한 부분을 채워주지 못하면 이 문제를 극복하기 어렵다. 또한 전체적으로 학력이 부진하고 학습동기가 낮은 상태에서는 상위등급 소수 학생만 공부하고 나머지는 학습을 포기하거나 외면하는 분위기에서는 전체의 성취도를 끌어올리기가 어렵다.

지금은 시대가 달라졌다. 우리 지역 학생들의 미래를 설계하고자 한다면 더 이상 학교는 과거의 전통적 방식으로 수능 점수에만 집착해서는 안된다. 최상위권 대학 입학이 중요하지 않다는 뜻이 아니다. 의대 등 일부 학과를 제외하면 사회환경과 취업, 노동 시장의 변화로 인해 "대학 졸업장이 모든 것을 결정하는 시대"는 이미 끝나고 있다. AI, 디지털 전환, 산업구조 변화 속에서 취업·노동시장 경쟁력은 더 이상 단일한 대학 간판만으로 보장되지 않는다. 특히 전북처럼 산업구조 기반이 약하고 지역대학의 취업률이 낮은 곳에서는 입시 중심의 학력 정책만으로는 지역 청년의 미래를 보장할 수 없다.

또한 학력신장을 위한 비교와 경쟁 압박은 학생의 정서·관계·동기 부진을 심화시킨다. 전북 학생의 스트레스와 우울감 경험률은 전국 최고다. 이미 OECD·KEDI·KICE 연구들은 "성취 압박 중심의 교육은 장기적으로 학습동기·자기효능감을 떨어뜨린다"고 반복해서 경고해 왔다. 전북처럼 정서적 취약성이 높은 지역에서 전통적인 경쟁식

학력정책은 오히려 학력 격차를 고착시키거나 확대할 위험이 크다.

　마지막으로 지역적 조건을 무시하고 모든 학교에 획일적으로 적용하고 성과를 비교하는 정책은 우리지역에서는 실효성이 떨어진다. 전북은 전체 학교의 40%가 소규모학교이며 교과 선택권·수업 다양성이 제한되어 있다. 서울·경기와 동일한 조건에서 시행되는 학력정책이 전북에서 제대로 작동하기 어렵다는 것은 너무나 자명하다. 학교마다 상황과 맥락이 다른데, 일괄적으로 일제 평가를 강요하고 보고하는 방식은 수업·교육과정의 질을 끌어올리기보다 교사의 부담과 소진을 증가시킬 위험이 크다.

　이런 현실을 고려한다면 전북의 학력정책은 과거처럼 '더 많이 공부시키는 방식'만으로는 해결될 수 없다. 지금 필요한 것은 학력을 넘어 진짜 실력을 키우는 새로운 교육체제이다. 그래서 우리 지역의 위기를 극복하기 위해 지역과 손잡아야 하고, 이를 위해 학생의 점수뿐 아니라 삶 전체를 준비하는 '삶을 위한 교육'으로 전환해야 한다.

3. 새로운 방향은 무엇인가?

　전북의 학력 정책은 지금의 시대·지역·학생 현실에 맞는 '실력"을 키우고 '모두의 성공을 지원'하는 정책으로 확장되어야 한다. 실력은 단순한 학업성취가 아니라, 학생이 스스로 배우고, 문제를 해결하고, 협력하며, 미래를 설계하는 능력이다.

　학교 현장과 교육정책에서 가장 많이 회자되는 단어 중 하나는 '학력신장'이다. 흔히 통용되는 학력의 의미는 시험 점수와 수능 성적으로 환원되고 변질되었다. 이렇게 학생들이 머릿속에 축적한 단편적 지식의 양을 성취의 척도로 삼는 현실은 '교육'의 본질을 왜곡하고 있다[30]. 이미 OECD는 DeSeCo 프로젝트(1997~2003)와 '교육 2030'을 통해 교육의 방향을 지식 습득에서 역량 함양으로 전환해야 함을 강조했다. 학생들에게 필요한 것은 단순한 점수 경쟁력이 아니라 문제 해결 능력, 협력적 주도성, 책임 있는 실천력을 포함한 실질적인 역량이다. 국가교육과정의 방향도 이와 다르지 않다. 2022 개정교육과정은 과정은 핵심역량을 다음과 같이 규정하고 있다.

---

30) 천호성칼럼 '학력을 넘어 실력으로… 개별 맞춤형 진학진로교육 강화가 필요하다('25.9.15., 교육플러스, 'https://www.edpl.co.kr/news/articleView.html?idxno=18149)

가. 자아정체성과 자신감을 가지고 자신의 삶과 진로를 스스로 설계하며 이에 필요한 기초 능력과 자질을 갖추어 자기주도적으로 살아갈 수 있는 자기관리 역량

나. 문제를 합리적으로 해결하기 위하여 다양한 영역의 지식과 정보를 깊이 있게 이해하고 비판적으로 탐구하며 활용할 수 있는 역량

다. 폭넓은 기초 지식을 바탕으로 다양한 전문 분야의 지식, 기술, 경험을 융합적으로 활용하여 새로운 것을 창출하는 창의적 사고 역량

라. 인간에 대한 공감적 이해와 문화적 감수성을 바탕으로 삶의 의미와 가치를 성찰하고 향유하는 심미적 감성 역량

마. 다른 사람의 관점을 존중하고 경청하는 가운데 자신의 생각과 감정을 효과적으로 표현하며 상호협력적인 관계에서 공동의 목적을 구현하는 협력적 소통 역량

바. 지역·국가·세계 공동체의 구성원에게 요구되는 개방적·포용적 가치와 태도로 지속 가능한 인류 공동체 발전에 적극적이고 책임감 있게 참여하는 공동체 역량

미래 교육은 학생들이 하나의 잣대를 기준으로 일등 인재로 성장하도록 강요되기보다는 저마다의 다양한 잠재력과 능력, 소양이 다양하게 꽃피울 수 있도록 재설계되어야 한다. 이는 No. 1 교육에서 only one 교육, 즉 오직 한 사람 교육으로의 전환을 의미한다. 더 나아가 학생의 진로와 삶을 준비시키는 실질적 능력으로 교육의 초점

---

31) 총론 2. 추구하는 인간상과 핵심역량중 일부(6쪽)

이 옮겨가야 한다[32].

'학력을 넘어 실력으로'라는 비전은 실력을 강조한다. 실력은 2022 개정교육과정이 제시하는 역량과 궤를 같이한다. 기초지식과 소양을 기반으로 하되, 지식의 양을 넘어 학습자의 고차원적이고 통합적인 역량이며, 미래 사회에서 자기 주도적으로 삶을 설계하고 다양한 직업 세계에서 자신의 길을 열어갈 수 있는 실질적인 능력이다. 학력이 지식 습득의 수준이라면 실력은 핵심역량 기반의 종합적 수행 능력에 가깝다.

학교는 모든 학생들이 삶을 살아가는 데 필요한 지식, 사고, 가치와 태도, 실천 역량 등을 기를 수 있도록 깊이 있는 학습과 다양한 경험을 제공해야 한다. 그래서 학생들이 스스로 배우면서 미래를 설계해 나가고, 공동체에서 협력하며 공존하는 법을 배워야 한다. 이를 위해 유치원에서 고등학교까지 학교는 탄탄한 교육과정과 학생이 실제로 배우고 익히는 수업, 학생의 성장을 돕는 평가 체제를 마련하고 이를 실제 실행으로 옮길 것을 제안한다.

전북형 실력 교육은 기초지식, 미래역량, 사회정서적 건강, 진로 역량 등을 포함하여 통합적으로 접근한다. 학생들의 실력은 단기간의 학습량 증가로는 달성하기 어고 다음 영역을 유기적으로 연결하고

---

32) 천호성칼럼 '학력을 넘어 실력으로… 개별 맞춤형 진학진로교육 강화가 필요하다('25.9.15., 교육플러스, 'https://www.edpl.co.kr/news/articleView.html?idxno=18149)

통합하는 지원체제가 전제되어야 한다.

첫째, 정서·관계 기반의 성장 환경 구축

실력은 정서적 안정에서 나온다. 전북형 실력교육은 먼저 학생의 정서행동지원 체계 강화, 학생-교사 관계 회복, 학교공동체 및 안전감 회복 등으로 기반을 튼튼하게 다지는 일이 필요하다. 특히 유치원, 초등학교 단계에서 학생들이 정서적, 문화적으로 결핍이 발생하지 않도록 기초지방자치단체 및 지역사회 유관기관과 협력하여 양질의 보육시스템을 구축해야 한다. 이 단계에서 학생들이 성장과 발달이 지체되면 기초학력이나 학업성취를 기대하기는 어려울 것이다. 특히 우리 지역이 직면한 현실을 고려하여 농산어촌이나 저소득층과 복지대상자 밀집 지역 등을 중심으로 안전망을 촘촘하고 두텁게 구축하고 양질의 보육과 교육을 충분하게 제공해야 한다. 이것이 실력교육의 출발점이자 가장 중요한 지점이다.

둘째, 기초학력과 기초 소양 강화

실력은 탄탄한 기초학력을 바탕으로 한다. 유치원, 초등학교, 중학교, 고등학교에 이르기까지 독서, 글쓰기, 셈하기 등의 기초 소양을 체계적으로 다져야 한다. 이는 단순한 학습량 확대가 아니라 문해력, 수리력, 디지털·정보활용 능력, 자기조절·메타인지를 체계적으로 키우는 방식이 되어야 한다. 학습결손이나 기초학력미달 학생에 대한 지원체계도 유초중고를 체계적으로 연결하는 것도 필요하다. 특히 학습결손이 장기화되고 누적되지 않도록 유치원에서 초등학교 3,4학년 시기까지 기초학력 미달 학생을 위한 전문교사, 학습공간, 특별 교육과정 등의 정책 수단을 집중적으로 투입하는 것이 필요하다.

셋째, 맞춤형 진로, 직업 교육 강화

실력은 시험 점수 중심의 공부를 넘어서서 배운 지식을 실제 문제 해결에 적응하고 활용하는 힘이며 향후 자신의 미래 직업이나 삶을 살아갈 수 있는 힘이다. 학생들은 유초중고 교육을 통해 스스로 살아 갈 수 있는 힘의 기반인 진로 역량을 키울 수 있어야 한다. 개인의 필요와 요구가 다양하기 때문에 진로 직업 교육은 유,초,중,고를 거쳐 현재보다 정교하고 체계적으로 이루어져야 한다. 이를 위해 학교교육과정은 학생 개개인의 필요와 요구에 맞게 다양화, 개별화, 자율화되어야 한다. 그리고 학교교육과정 운영을 최우선 과제로 설정하고 도교육청과 지역교육지원청이 학교현장에서 체감할 수 있는 수준의 지원을 제공해야 한다. 또한 전북의 농업·문화·신재생·디지털 산업 등과 연결되는 지역 맞춤형 교육과정이 필요하다. 특히 고등학교 단계에서 전북형 캠퍼스고, 대학 모듈형 교과, 기업·대학 연계 프로젝트 등을 통해 지역의 필요와 요구를 파악하고 학생이 자신의 미래 진로와 연결시키는 교육과정을 제안한다. 또한 지역산업·대학·학교를 연계한 교육과정 설계를 위해서는 도교육청 차원에서 지역 교육 생태계를 정비하고 학교교육과정과 유기적으로 연계하는 정책적 노력도 뒷받침되어야 할 것이다.

4. 실력교육의 구체적인 내용은 무엇인가?

'모두를 성공으로 이끄는 실력 있는 전북 교육'을 실현하는 실력교육은 유치원에서 고등학교까지 모든 학교 삶을 가꾸는 교육과정, 학생 배움 중심의 수업, 성장을 돕는 평가로 학생의 역량을 발현시키고 성장시키는 교육이다. 또한 학교는 교육과정-수업-평가가 하나의 순환 체계로 작동하고 유치원, 초등학교, 중학교, 고등학교에서 유기적으로 연계된다. 도교육청 및 산하기관은 성장, 자율, 협력 등의 핵심가치를 중심으로 지원중심의 통합적 플랫폼 역할을 한다. 전북의 모든 학교가 실력교육의 비전을 공유하고 실천하기 위해서는 세 가지 혁신 축이 필요하다. 그것은 탄탄한 교육과정, 모두가 배울 수 있는 수업, 그리고 성장을 촉진하는 평가이다. 구체적인 내용은 다음과 같다.

가. 탄탄한 교육과정

학교교육과정은 모든 학생이 의미 있게 배울 수 있도록 학생 개인의 진로와 적성에 맞게 양질의 교육과정을 제공해야 한다. 즉 학교의 교육과정은 "천개의 행성"처럼 각자의 빛과 궤도를 가진 자율적인 체계가 되는 것이다. 학교가 다양한 교육과정을 설계하고 운영할 수 있도록 '천개의 행성 인증제'를 제안한다. 이를 통해 모든 학교가 학교

학생들의 요구, 필요에 맞게 고유한 교육과정을 설계하고 운영하여 모든 학생들에게 자신의 삶과 미래에 대한 희망을 제시할 수 있을 것이다.

국가교육과정인 2022 개정교육과정은 초등학교와 중학교 단계에서 학교가 자율적으로 '자율 과목'을 편성하도록 했고 고등학교 단계에서는 학생들이 진로와 적성에 따라 과목을 선택할 수 있도록 '고교학점제'를 운영하도록 규정하고 있다. 국가교육과정이 규정하는 교육과정 자율권을 적극적으로 활용한다면 학생들에게 적합한 교육과정을 통해 기초학력, 기초소양, 학업성취도, 진로 탐색 등에 접근 할 수 있을 것이다.

학교교육과정의 자율성에는 미래학교나 IB 학교 등 수년간 지속된 교육과정 관련 사업의 일관성을 보장하는 것도 포함된다. 학교교육과정과 실천은 국가교육과정에 기반하고 학교공동체 구성원의 합의에 의해 결정되고 운영되어야 한다. 더 이상 정권 교체나 교육감 교체에 따라 학교교육과정의 방향이 흔들려서는 안될 것이다. '전북형 미래학교'는 미래형 교육과정을 선도하는 시범학교로서 지속가능성을 보장하고, IB(국제바칼로레아)교육은 전북형 IB 모델로 발전시킬 것을 제안한다.

하지만 지역이나 학교에서 스스로 주어진 자율권을 활용하여 학생들에게 가장 필요하고 적절한 교육과정을 생성하고 운영하는 것은 주어진 교과서로 진도만 나가는 수업보다 훨씬 큰 노력과 많은 시간이 필요하므로 교사들이 쉽사리 접근하기 어려운 측면도 존재한다. 학교별 준비상황에 따라서 격차가 발생할 수 있고 농산어촌 소규모 학교에서는 교사나 강사를 확보하는데 어려움을 겪을 수 있다. 이에 대해 교육청의 전문적인 지원 역량과 의지가 요구된다. 시도교육청과 교육지원청은 각 학교의 교육과정의 질을 모니터링하고, 학교가 자신만의 교육과정을 설계하고 운영할 수 있도록 실질적인 지원을 제공할 수 있어야 한다. 그 중 하나가 우리 지역의 특성과 필요를 반영한 지역교육과정을 구체화해서 학교들이 활용할 수 있도록 돕는 것이다. 이를 통해 아직 준비가 미진한 학교는 초기 시행의 부담을 덜고 교육과정 자율운영을 차분히 준비하면서도 양질의 교육내용을 확보해서 교육과정의 격차를 방지할 수 있을 것이다. 수 있을 것이다. 이밖에 현재 국가적으로 혼란을 겪고 있는 고교학점제는 지역의 여건을 고려하여 지원 시스템을 대폭 확충하고, 지역 대학이나 기관을 적극적으로 연결해서 '선택권'의 확대와 '양질의 교육과정 운영'을 뒷받침해야 한다. 이 밖에 유초중고와 특수교육과정의 연계성을 높이고 지원을 강화하는 것도 필요하다.

교육과정의 자율운영은 학교나 교사가 일방적으로 결정할 수는 없고 구성원들의 사회적 합의가 전제되어야 한다. 교육과정은 무엇을 어떻게 가르칠 것인가를 결정하는 교육의 청사진이다. 우리 공동체가 어떤 방향으로 나아가야 할 것인지 그리고 이를 위해 우리 학생에게 어떤 교육이 필요한지는 함께 고민하고 함께 결정해야 한다. 교육과정은 '학생 중심, 학교와 교사의 자율성과 공동체성을 기반이 되어야 힘을 발휘하고 실질적으로 학교 교육을 생동감있게 변화시킬 수 있다. 학교교육과정의 편성과 운영에는 교사, 학생, 학부모가 참여를 보장하고, 가능한 범위에서 변화의 방향을 공유하고 합의해야 한다. 그러기 위해서는 교육과정 거버넌스가 중요하다. 전라북도 유초중고 학교교육과정의 방향에 대해 큰 틀에서 합의가 필요하고, 학교교육과정의 방향과 변화 방향에 대해서는 학교의 학생, 교사, 학부모가 참여할 수 있어야 한다. 지역 산업, 대학, 지자체, 시민이 광범위하게 참여하는 교육과정 거버넌스가 필요하다. 전라북도교육과정의 비전과 방향은 우리 지역의 학생, 학부모, 시민, 교직원 등 다양한 주체의 의견을 수렴하고 합의하며 다양한 주체와 기관을 망라한 거버넌스를 기반으로 수평적 협업하에 기획, 실행, 평가할 것을 제안한다.

나. 모두가 잘 배우는 수업

수업은 모두가 의미 있게 잘 배우는 시간이 되어야 한다. 수업은 교사의 전문적이고 고유한 영역이다. 그 학급에서 그 수업에 가장 필요한 수업 방식은 교사가 가장 잘 판단하고 결정할 수 있다. 따라서 수업 변화는 교사가 중심이고 교사가 주도해야 한다. 이제까지 새로운 수업 기법이나 에듀테크 등 새로운 수업 방법이 쏟아졌지만 이를 활용하여 수업을 개선하는 것은 결국 새로운 기법이나 기술보다는 교사들의 관심과 의지에 달려있다는 것을 현장교사들은 잘 알고 있을 것이다. 수업의 전문성은 수업의 기술적 측면보다는 오히려 학생의 배움에 대한 교사의 관심과 태도에 의해 좌우되는 측면이 크다. 교사가 학생들이 수업에서 모두가 잘 배우고 있는지, 어디에서 막혀서 어려움을 겪는지 확인하고 이것을 해결하기 위해 교사와 학생이 함께 노력하는 경험과 과정이 수업의 전과정에서 가장 중요하다. 특히 우리지역처럼 복합적인 위기에 노출되어 있는 학생이 많은 상황에서는 수업에 대한 교사의 가치와 태도는 매우 중요한 역할을 한다. 좋은 수업은 교사들이 스스로 전문성, 자발성, 동료성을 발휘할 수 있을 때 가능하다. 교사를 수업전문가로 신뢰하고, 학교단위, 학습동아리 단위에서 현장 교사들이 주도성을 발휘할 수 있도록 필요한 지원을 아끼지 않아야 한다.

또한 교사가 수업에 전념할 수 있는 환경을 조성하는 것도 중요하다. 교사들이 전문가로 성장할 수 있도록 자율성을 기반으로 하는 전문학습공동체를 활성화하고 교사 연수 시스템을 실천 중심, 참여 중심으로 재편하는 것이 필요하다. 교사들의 행정업무 경감을 위해 AI 행정지원시스템과 행정통합센터를 적극 활용하고 AI·에듀테크를 활용하여 개별 피드백이나 개별화 학습 데이터 제공등을 지원할 것을 제안한다. 또한 교사가 정서적으로 안전함을 느끼고 학생과 좋은 관계를 맺으며 수업과 생활지도에 집중할 수 있는 여건을 조성하는 것이 시급하다. 최근 일부 학교에서는 교권침해나 학교폭력 등으로 수업자체가 불가능한 교실이 속출하고 있다. 교사의 정서 상태는 학생들에게 그대로 전이되며 학생들은 교사와 좋은 관계 속에서 안심하고 편안함을 느낄 때 잘 배우고 성장할 수 있다. 학교공동체가 서로 신뢰를 회복하고 평화롭고 안전한 분위기에서 학교의 일상이 깨지지 않도록 학교를 지켜주는 일이 시급하며 이를 위해 회복적 생활교육, 교사 심리 회복 지원등의 지원 체제를 강화할 것을 제안한다.

다. 성장을 촉진하는 평가

평가는 학생의 성장을 돕는 평가로 전환하고, 초, 중, 고 학교 급별 상황에 맞게 평가 시스템을 정비해야 한다. 우선 초등학교 단계에서는 총괄평가를 '성장 중심 평가' 중심으로 운영하고, '친절한 통지표'를 도입해 학부모가 자녀의 배움 과정을 쉽게 이해하고 불안함을 덜 수 있도록 해야 한다. 중고등학교 단계에서는 서논술형 평가를 확대하고, AI 맞춤형 피드백 시스템을 구축해 학생 개개인의 성장을 진단하고 지원할 것을 제안한다.

특히 특히 나는 전주교육대학에서 학생들과 수업하면서 오랫동안 초등 평가 문제에 관심을 기울여 왔다. 전북교육청의 초등 총괄평가'

는 학습이 끝난 시점에서 학생의 최종 성취 수준을 판단하는 평가이다. 전북교육청은 학력신장 차원에서 학생들의 기초학력 문제에 대응하기 위해 이전의 자율적인 총괄평가를 의무시행으로 전환하였다. 하지만 당초 취지와는 다르게 학교현장에서는 지필 중심 일제고사 형태의 총괄평가 시행이 학생, 교사, 학생에게 또 다른 부담과 불신을 초래하고 있다. 제한적이고 획일적인 평가방식으로 단순 문제 풀이식 학습을 유도하고, 교사의 업무 부담을 가중시키며, 평가결과를 학생별 학습 분석 및 맞춤형 지도등에 활용하지 못한다는 비판이 일었다. 또한 학생들의 심리적 부담이 크고 성적 순위 경쟁을 부추기며 사교육을 유발한다는 의견이 상당수 존재한다. 전북교육청에서는 형성평가와 총괄평가를 구분하여, 학생 맞춤형 피드백을 제시하는 것은 학습과정 중인 형성평가 단계에 적절하고, 총괄평가는 신뢰성과 타당성을 확보해야 하기 때문에 현재의 방식이 필요하며 서논술형 평가 등 단순한 일제식 줄세우기와는 다르다고 주장하고 있다. 무엇보다 초등단계의 평가 경험이 상급학교인 중학교 평가 방식에 쉽게 적응하게 해준다는 장점을 강조한다. 초등 총괄평가에 대해 교육플러스[33]에 연재한 내용을 중심으로 평가 및 초등 총괄평가에 대한 나

---

33) 교육플러스(https://www.edpl.co.kr) 기획&연재 [전북교육청의 총괄평가를 말하다] ①전북 초능 총괄평가, '점수의 굴레'에 갇히다, ②학생·학부모·교사가 말하는 총괄평가의 현실, ③평가, 등급이 아닌 성장을 기록해야 한다

의 입장을 요약하면 다음과 같다.

평가는 등급이 아닌 성장을 기록해야 한다. 특히 초등학교 단계에서 총괄평가는 '결과를 알리는 시험'이 아닌 '피드백 중심의 평가'로 전환되어야 한다. 평가의 진정한 의미는 피드백에 있으며 이를 통해 학생에게는 성장 계기를, 학부모에게는 소통자료를, 교사에게는 수업 개선 동력을 제공해야 한다. 또한 평가는 앞으로의 배움의 출발점이 되어야 한다. 따라서 단순히 등수가 아닌 구체적인 피드백으로 학생의 강점과 보완이 필요한 영역을 제시해야 한다. 피드백은 학생에게 학습 방향을, 교사에게는 수업 개선 자료를, 학부모에게는 자녀 교육 가이드를 제공할 것이다. 세 번째로 평가는 초등 단계에서는 학생의 정서적 부담을 완화하기 위해, 통지 방식을 개선하여 낙인효과를 최소화하고, 강점을 중심으로 격려하는 상담이 병행되어야 하고, 필요한 경우 학교 차원의 심리·정서적 치유 지원 프로그램을 지원할 수 있어야 한다. 네 번째, 평가는 교사의 수업과 유기적으로 연계되어야 한다. 이를 위해 일회성 시험에 그치지 않고, 교사가 문항 분석 결과를 토대로 단원을 재구성하거나 맞춤형 보충 지도를 설계할 수 있도록 학교를 지원할 수 있는 지원 체계를 교육청이 마련해야 한다, 또한 평가 준비, 결과 입력, 보고서 작성 등 업무 부담을 줄이도록 행정 업무 지원시스템 구축이 필요하다. 현재 타시도에서 활용중인 AI 활용 디지털 행정 지원 등을 적극적으로 도입해야 한다. 다섯 번째,

학부모의 불안감과 답답함을 덜어주기 위해 소통을 강화하고 친절하게 설명하면 좋겠다. 성적 통지표 외에 문항별 성취 해석 및 지도 방향 제시 등 학부모의 자녀 학습 수준 이해를 돕는 세부적인 지원책을 마련하고, 학부모와의 대면 상담, 학부모용 해설 자료, 상담 가이드 등을 통해 평가의 의미와 활용법을 안내해야 한다. 여섯 번째, 평가방식의 다양화와 유연화가 필요하다. 현재의 평가방식만으로는 모두를 성공으로 이끄는 미래역량(비판적 사고, 문제 해결력, 협업 능력)을 진단하고 성장시킬 수 없다. 선다형, 서·논술형 외에 프로젝트형, 수행형 평가 등을 병행해야 한다. 지역, 학교, 학급마다 학생이 처한 상황이 다르기 때문에 각 특성에 맞게 평가방식을 다양화하도록 평가에 대한 학교별 자율성을 확대하는 것이 바람직하다. 결론적으로 총괄평가는 배움의 길을 제시하는 나침반이 되기 위해 철학과 방식의 전면적인 전환이 필요하다. 총괄평가를 시행하는가 안하는가 보다는 어떻게 시행하는 가가 중요하다. 평가의 내용과 방식에 대한 교사의 전문성을 바탕으로 학생개개인의 수업 활동을 지원하고, 학부모를 아이 성장의 동반자로 대우하며, 교사의 전문적 성장을 돕는 평가가 전북 교육의 미래를 여는 열쇠이다.

맺는말

내가 꿈꾸는 전북교육을 '모두를 성공으로 이끄는 실력 있는 전북교육'을 중심으로 설명했다. 실력(實力)은 스스로 배우고, 문제를 해결하고, 협력하며, 세상을 변화시키는 평생의 힘이다. 실력 있는 전북교육은 모든 아이들이 자신만의 속도로 배우고 성장하며 각자의 실력을 인정받는 포용적 교육체제이다. 우리 지역은 경제·사회·교육 여건이 복합적으로 작용하여 학업성취가 낮아지고 학력격차가 구조화되는 위기에 처해 있다. 위기에 대응하기 위해서는 교육과정·수업·평가의 전면 혁신과 함께 가정·학교·지역 생태계를 잇는 통합적 전략이 필요하다. 그런 의미에서 실력교육은 이제 선택이 아니라 지역의 교육과 미래를 위한 필수적인 생존 전략이다. 우리 학생들은 가정과 지역을 선택할 수 없다. 이들이 태어나고 자란 지역에서 공교육을 통해 그들을 성장시키는 것이 우리의 책무이다. 우리 지역 학생들이 처한 환경이 불리할수록 공교육의 역할은 더 커져야 한다. 우리 지역의 모든 학생들이 자신의 삶을 살아갈 힘을 기르고 미래를 향해 마음껏 도약할 수 있도록 전라북도교육이 뒷받침할 수 있을 것이라 믿는다.

V

진학·진로 탄탄!
모두가 성공하는 진로교육

- 탄탄한 진학·진로교육 기반 구축
- 맞춤형 진학·진로 지원 강화
- 지역 미래전략산업 맞춤형 직업교육
  : 전북형 특성화학교 만들기

시작하는 말

현재 대한민국의 교육은 '대학 입시'라는 단일한 목표를 향해 과도한 경쟁 구도를 형성하고 있다고 해도 과언이 아닐 것이다. 학생들은 초등학교 때부터 시작된 선행 학습과 내신 경쟁 속에서 정작 나는 누구인지, 무엇을 좋아하고 잘하는지, 왜 공부해야 하는지에 대한 본질적인 질문을 탐색할 기회를 박탈당하고 있다. 이러한 '성찰의 부재'는 고등학교 1학년 시기에 이미 심각한 학업 소진(burnout)과 동기 상실로 이어지며[34], 대학 진학 이후에도 전공 불만족, 중도 탈락으로 이어지고 있다.

이와 별개로 현대 사회에서 진로·진학 지도는 단순한 정보 제공을 넘어, 학생 개인의 잠재력을 발견하고 미래 사회의 구성원으로서 성공적으로 자립할 수 있도록 돕는 핵심적인 교육 활동으로 자리 잡고 있다. 특히 인공지능(AI)의 부상과 4차 산업혁명으로 인한 급격한 산업 구조 변화는 평생직장의 개념을 해체되고, 개인에게 평생학습과 지속적인 진로 재설계를 요구하고 있다. 이러한 환경 속에서 올해부

---

34) 한국교육개발원이 국회 교육위원회 소속 더불어민주당 김문수 의원에게 제출한 자료에 따르면, 전체 고등학교 자퇴 비율은 2015학년도 1.20%에서 점차 상승하다 2020학년도 코로나 시기 1.06%로 주춤했으나, 이후 반등해 2022학년도 1.87%, 2023학년도 2.00%, 2024학년도 2.05%를 기록하며 꾸준한 증가세를 보였다. 학교 유형별로는 특성화고가 2015학년도 2.02%에서 2024학년도 4.11%로 10년 만에 두 배가 됐다. 이어 자율형 공립고(자공고), 예술고, 국제고, 외국어고 순으로 자퇴 비율이 높았다. 반대로 과학고 중 영재학교는 0.44%로 가장 낮았다. 외고는 코로나 시기 이후 일반고보다 자퇴 비율이 높아지는 '역전 현상'이 나타났다.

터 고등학교에서는 고교학점제가 시작되었고, 학생들은 자신의 적성과 흥미에 맞는 진로를 탐색하고, 이에 부합하는 학업 및 직업 경로를 설계하도록 요구받고 있다. 하지만 학생들은 그 어느 때보다 큰 어려움을 호소하고 있다.

〈표1〉 첫 직장 근속기간

(단위: 천명, %, %p)

	취업 경험자	임금 근로자			평균 근속기간		
			첫 직장 그만둔 경우	첫 직장 계속 다니는 경우		첫 직장 그만둔 경우	첫 직장 계속 다니는 경우
2022. 5	4,117	4,018 (100.0)	2,638 (65.6)	1,380 (34.4)	1년 6.8개월	1년 2.3개월	2년 3.2개월
2023. 5	3,947	3,865 (100.0)	2,580 (66.8)	1,285 (33.2)	1년 6.6개월	1년 2.4개월	2년 3.0개월
증감	−170	−153 (−)	−57 (1.2)	−96 (−1.2)	−0.2개월	0.1개월	−0.2개월

〈표1〉에서 통계청의 2023년 경제활동인구조사 청년층 부가조사에 따르면, 청년(15~29세)이 첫 직장을 그만두는 평균 근속 기간은 1년 6.6개월에 불과했으며, 〈표2〉에서 주된 이직 사유는 '보수, 근로 시간 등 근로 여건 불만족'이지만 '자신의 적성·전공과 맞지 않아서'였다는 비율도 6.3%를 차지하고 있다. 이는 청소년기 진로 탐색의 실패가 높은 사회적 비용으로 이어지는 '미스매치(mismatch)' 현상을 명확히 보여준다고 할 수 있다.

⟨표2⟩ 첫 일자리를 그만둔 사유

(단위: 천명, %, %p)

	2022. 5			2023. 5			증감		
	취업 경험자	남자	여자	취업 경험자	남자	여자	취업 경험자	남자	여자
⟨전체⟩	4,117	1,940	2,177	3,947	1,840	2,107	-170	-100	-70
이직 경험자[1)3)]	2,668 ⟨64.8⟩	1,245 ⟨64.1⟩	1,424 ⟨65.4⟩	2,601 ⟨65.9⟩	1,196 ⟨65.0⟩	1,405 ⟨66.7⟩	-67 ⟨1.1⟩	-49 ⟨0.9⟩	-19 ⟨1.3⟩
근로여건 불만족 (보수, 근로시간 등)	45.1	45.4	44.8	45.9	46.7	45.3	0.8	1.3	0.5
개인·가족적 이유 (건강, 육아, 결혼 등)	15.3	15.6	14.9	14.6	14.9	14.4	-0.7	-0.7	-0.5
전망이 없어서	9.5	9.7	9.3	9.1	9.1	9.1	-0.4	-0.6	-0.2
전공·지식·기술·적성 등이 맞지 않음	6.6	6.6	6.5	6.3	6.3	6.3	-0.3	-0.3	-0.2
임시적·계절적인 일의 완료·계약기간 끝남	14.0	14.0	14.0	14.7	14.9	14.6	0.7	0.9	0.6
직장 휴업·폐업·파산 등	2.0	2.0	2.0	2.1	1.4	2.7	0.1	-0.6	0.7
그 외[2)]	7.6	6.7	8.4	7.3	6.8	7.6	-0.3	0.1	-0.8

1) 실업·비경제활동인구 포함
2) 창업 또는 가족사업 참여, 일거리가 없거나 회사사정 어려움, 권고사직, 기타
3) ⟨ ⟩는 취업 경험자 중 이직을 경험한 자의 비율임

모든 학생이 성공하는 맞춤형 진로교육을 실현하기 위한 구체적인 방안을 제시하기 위해 실제 데이터와 국내외 타 지역 사례를 바탕으로 이것이 학생들의 진로 개발 역량과 실제적인 진학 및 취업 성과에 어떻게 기여할 수 있는지를 탐색해 보는 것이 필요하다. 이를 통해 전북교육청은 효과적인 진로·진학지도 정책의 방향성을 제시하고, 교육 현장에서의 실천적 성과로 이어지게 해야 한다.

심리학자 도널드 수퍼(Donald Super)는 진로 발달을 '자아 개념(self-concept)을 실현해 나가는 전 생애에 걸친 과정'으로 보았다. 이는 학생 개개인이 성장 단계(Growth), 탐색(Exploration), 확립

(Establishment), 유지(Maintenance), 쇠퇴(Decline)의 과정을 거치며 자신만의 진로 정체성을 찾아가도록 지원해야 함을 시사한다. 우리의 진로교육은 바로 이 '탐색'과 '확립'의 단계에 있는 학생들에게 AI 플랫폼, 맞춤형 컨설팅, 직업 교육 등 구체적인 도구와 환경을 제공하려는 시도라고 볼 수 있다.

심리학자 존 크롬볼츠(John Krumboltz)는 개인의 진로 선택이 유전적 요인, 환경적 조건, 학습 경험(도구적/연상적), 그리고 과제 접근 기술이라는 네 가지 요인의 상호작용으로 결정된다고 보았다. 이 이론은 '전북형 오디세이학교', '학생 해외진로체험', '지역 연계 진학·진로 확대' 등 학생들에게 의도적이고 다양한 학습 경험을 제공하려는 계획의 이론적 근거를 제공한다. 즉, 학생들은 우연한 만남과 경험(예: 지역 기업인 멘토링, 도전의 날 프로젝트)을 통해 자신의 진로 신념을 긍정적으로 수정하고 새로운 진로 기회를 발견할 수 있다.

1. 탄탄한 진학·진로교육 기반 구축

학생들의 진로 탐색과 설계를 체계적으로 지원하기 위해서는 안정적이고 전문적인 교육 기반이 필수적이다. '진학·진로탄탄' 계획은 인프라 확충과 교육과정 내실화라는 두 가지 방향성을 제시한다.

가. AI 활용 진학·진로 플랫폼 구축: 기회와 도전

인프라 확충 측면에서 'AI 활용 진학·진로 플랫폼' 구축은 가장 핵심적인 디지털 전환 전략이다. 이는 기존의 표준화된 정보 제공(예: 커리어넷, 워크넷)을 넘어, 학생 개인의 교과 성적, 비교과 활동 이력(창의적 체험활동, 독서 등), 심리 검사 데이터를 AI가 통합 분석하여 맞춤형 진로 포트폴리오와 대입 전형을 추천하는 '능동형 지원 시스템'을 의미한다.

경기도교육청이 2024년 5월 개통한 AI 기반 진로·진학 지원 시스템 '꿈it(잇)다'는 이러한 가능성을 보여주는 대표적 사례이다. 출시 5개월여 만에 가입자 18만 명을 돌파하며(경기신문, 2024. 10.), 학생의 활동 이력을 누적 관리하고, AI가 학생부를 분석해 전공 적합성을 조언하며, AI 모의 면접 기능까지 제공하여 학생들의 높은 수요를 입증했다.

서울시는 온라인 교육플랫폼 '서울런'을 통해 수능 가채점 분석부터 정시 지원, 대학별 고사까지 입시 전 과정을 밀착 지원하고 있다. 서울런 회원 중 수험생(2009년생부터) 500명을 대상으로 'AI 진로·진학 코치'가 1220만 건의 방대한 합격·불합격 데이터와 1553개 고교 정보를 AI가 분석해 수험생의 가채점 성적으로 정시 합격 가능 대학을 예측한다. 특히 학생부 기반 'AI 모의 면접', 희망 전공 '탐구 주제' 추천 기능도 탑재했다. 일반 입시기관에서 정보를 얻기 어려운 기회균형·검정고시 특별전형 맞춤형 분석도 제공해 학생 스스로 입시 전략을 세울 수 있도록 지원한다.

우리 전북지역은 수도권이나 광역시에 비해 백데이터가 절대적으로 부족한 상황이다. 이는 '전북형 AI 플랫폼'을 자체적으로 구축하기가 쉽지 않다는 것이다. 그럼에도 불구하고 우리지역 학생들이 쉽고 편하게 이용할 수 있는 진학·진로 플랫폼이 필요한 것은 분명한 사실이다. 현실적인 대안은 대교협 프로그램, 다른 지역 교육청이나 지차제 프로그램과 연계하여 운영할 부분은 과감히 연동하고, 우리 지역 학생들의 백테이터를 더하여 우리만의 '전북형 AI 플랫폼'을 구축하는 것이다. 특히 우리 지역만이 갖고 있는 부분, 예를 들면 전북 지역의 전략 산업(피지컬AI, 푸드테크 등)에 대한 정보를 담는 것이다.

나. 교육과정 내실화: '진로 연계학기'와 '오디세이학교'

교육과정 내실화 측면에서는 '진로 연계학기(초6, 중3, 고3)'와 '전북형 오디세이학교'가 주목된다. 이는 2022 개정 교육과정의 핵심 가치인 '자기 주도성'과 '진로 연계'를 현장에 구현하는 핵심 기제이다.

'진로 연계학기'는 상급 학교로 진학하는 전환기 학생들에게 교과 학습 부담에서 벗어나 부드러운 착륙(soft landing)을 지원하는 프로그램이다.

- 초등학교 6학년(중학교 준비): 기존 담임교사 중심의 학습에서 교과 전담 교사제로 변화하는 중학교 시스템에 대한 적응, 자유학기제에 대한 이해, 학습 동기 부여에 중점을 둔다.
- 중학교 3학년(고교학점제 준비): 고교학점제의 도입으로 인해 중학교 3학년 학생들은 자신의 진로 희망에 따라 고교 입학 후 수강할 과목(예: 인공지능 기초, 심리학)을 미리 고민해야 한다. 진로 연계학기는 이러한 과목 선택을 돕는 학업 설계(course

planning)의 결정적 시기를 제공한다.

- 고등학교 3학년(사회·대학 준비): 대학수학능력시험 이후의 해방기를 방치하는 것이 아니라, 예비 대학생 또는 사회 초년생으로서 필요한 금융 리터러시, 노동인권 교육, 대학 생활 설계 등을 집중적으로 지원한다.

덴마크의 애프터스콜레(Efterskole)는 10대 청소년들이 1년간 기숙 생활을 하며 입시 경쟁에서 벗어나 삶과 철학, 예술, 공동체를 배우는 인생 학교로 전 세계적인 주목을 받았다. 이를 벤치마킹한 서울시교육청의 오디세이학교 역시 2015년부터 고1 학생들을 대상으로 '삶을 위한 1년의 멈춤과 도전'을 지원하며, 참여 학생들의 자아 존중감과 자기 주도성 향상에 긍정적인 성과를 거두고 있다. 이러한 선도적 모델은 전북의 교육 현실에도 전환학년제(Transition Year) 도입의 필요성을 강력히 시사한다.

전북형 오디세이학교는 고등학교 1학년 학생들에게 1년간의 '갭이어(Gap Year)'를 제공하되, 전북의 강점인 농생명(푸드테크), 전통문화(예술), 생태환경(새만금)과 연계된 장기 프로젝트를 운영하는 특성화된 모델로 발전시킬 수 있다. 전북형 오디세이학교는 단순한 학교 하나를 더 짓는 사업이 아니다. 이는 속도에서 방향으로, 경쟁에서 성찰로, 표준에서 다양성으로 전북 교육의 패러다임을 전환하는 '미래 교육의 실험실'이 되어야 한다. 이 1년의 숨 고르기는 낭비가 아닌, 우리 아이들이 평생을 살아갈 힘을 얻는 가장 밀도 높은 투자가 될 것이다. 전북형 오디세이학교는 우리 아이들이 '나는 전북에서 자랐다'는 사실을 자랑스러워하게 만들고, 전북의 미래를 책임질 튼튼한 뿌리가 될 것임을 확신한다.

전북형 오디세이학교 (안)

1. 목적

가. (자아 탐색) 고등학교 1학년 학생들에게 입시 경쟁의 압박에서 벗어나, 1년간의 교육적 쉼(숨 고르기)을 통해 자신을 깊이 성찰하고 삶의 가치관을 정립할 기회 제공

나. (자기 주도성) 획일적인 교과과정에서 벗어나, 학생 스스로 기획하고 도전하는 프로젝트 기반 학습(PBL)과 인문·예술·공동체 교육을 통해 자기 주도적 학습 역량 함양

다. (지역 정체성) 전북의 독보적인 생태, 문화, 농생명 자산을 교육과정과 연계하여, 학생들이 지역의 가치를 재발견하고 지역과 함께 성장하는 인재로 자라나도록 도움

2. 개요

가. 핵심 비전 및 가치

    1) 비전: 나를 찾고(자아), 너와 잇고(공동체), 전북을 담다(지역)

    2) 핵심 가치: 성찰, 도전, 자율, 협력, 공존

3. 대상: 전북도 내 일반고·자율고 1학년 진학 예정자 중 희망자

가. 정원 (안): 연간 80명 (4개 학급, 학급당 20명) (※ 파일럿 운영 후 단계적 확대)

나. 학적 처리: 위탁 교육 방식. 학생들은 원적(原籍) 학교에 입학 후, 1년간 오디세이학교에서 교육과정을 이수함. 1년 수료 후 2학년으로 원적 학교에 복귀함.

다. 교육 기간: 1년 (총 2학기, 190일 내외)

4. 운영 형태: 거점형 캠퍼스 모델

가. 단일 캠퍼스(기숙형): 폐교 부지나 공공 유휴 시설(대안교육센터 등)을 리모델링하여 전원 기숙형으로 운영 (장점: 공동체성 극대화, 단점: 초기 예산 부담)

나. 거점 캠퍼스(통학형): 전주, 익산, 군산, 남원 등 4개 권역에 거점 센터를 두고, 학생들이 해당 지역의 자원과 연계하여 통학하는 모델(장점: 지역 자원 연계 용이, 단점: 공동체성 약화)

다. 하이브리드 캠퍼스: 1학기는 전주 인근의 메인 캠퍼스에서 공통 과정(기숙/통학 혼합)을 이수하고, 2학기는 전북의 각 지역 연계 기관에서 프로젝트를 수행하는 방식

5. 학생 선발

가. 기본 원칙: 성적(내신)을 배제하고, 학생의 '참여 의지', '변화 가능성', '탐색 동기'를 중심으로 선발

나. 선발 절차

　1) 1단계 (서류): 자기소개서 (지원 동기, '숨 학교'에서 하고 싶은 것)

　2) 2단계 (심층 면접): 학생 및 학부모 개별/집단 면접 (프로그램 이해도, 자율적 생활 의지 등 확인)

　※ 사회적 배려 대상 학생을 위한 정원 외 특별전형(10~20%) 의무화.

6. 교육과정 편성 방향

가. 학생들이 삶의 의미와 방향을 찾도록 도와주는 전환학교의 성격을 최대한 살릴 수 있도록 교육 내용을 구성하여 다양한 교육 방법 활용

나. 개별 학생들이 처한 상황과 흥미, 특기, 진로 희망 등을 고려하여 최대한

다양한 교육과정제공

다. 교과활동은 보통교과와 대안교과로 구분하고, 대안교과는 NEIS에 등재
할 수 있는 교과목으로 편성

라. 보통교과는 공통 국어, 공통 영어, 공통 수학, 통합사회, 통합과학을 각각
2단위, 한국사를 3단위로 편성하고, 과학탐구실험은 1단위로 편성하되,
오디세이학교 본부가 주관하여 공동교육 과정 운영

마. 대안교과는 학생들의 삶의 의미와 방향을 찾도록 도와줄 수 있는 교과를
편성하되, 각 기관의 특징을 살린 선택교육과정 운영

바. 보통교과의 평가는 고등학교 학업성적관리시행지침에 따라 기록하고,
대안교과의 평가는 이수 여부와 함께 학생의 활동 내용과 특성을 서술식
으로 기록

사. 오랫동안 교육의 본질을 고민하고 실천해온 민간 대안교육기관들이 협
력운영기관으로 참여하여 다양한 교육과정 운영

2. 맞춤형 진학·진로 지원 강화

　모든 학생이 성공하는 진로교육은 획일적인 지원이 아닌 학생 개개인의 특성과 수요에 맞춘 맞춤형 지원을 전제로 한다. 특히 이 맞춤형 지원은 '교육 격차 해소'에 중점을 둔다.

　먼저 강화해야 할 부분은 학교로 찾아가는 개별 맞춤형 생활기록부 및 진학(대입) 전문가 컨설팅이다. 이는 정보 접근성이 불리한 지역 학생들에게 공평한 기회를 제공하고, 학생부종합전형(학종)에 대한 불안감을 해소하기 위한 필수적인 조치이다. 학생부종합전형이 대입의 주요 전형으로 자리 잡으면서, 학생부의 세부능력 및 특기사항(세특)이나 창의적 체험활동을 어떻게 기재하고 관리하는지가 당락을 좌우하는 핵심 요소가 되었다.

　서울 강남권과 같은 사교육 특구에서는 학생 1인당 수백만 원에서 수천만 원에 이르는 고액 컨설팅 시장이 형성되었다(매일경제, 2023. 03.). 이는 심각한 교육 불평등과 공교육 불신을 야기한다. 학부모들은 학교 선생님보다 사교육 컨설턴트가 더 전문적이라는 인식을 갖게 되며, 이는 공교육의 근간을 흔든다.

　전북교육청은 수년 전부터 학생과 학부모의 사교육 의존도를 낮추고 '공교육 신뢰도 제고'에 기여하는 '찾아가는 공교육 컨설팅'을 실시하고 있다. 이를 좀 더 강화하기 위해서는 기존 담임교사의 업무 부담으로 진행하는 것이 아니라, 교육청 차원의 대입 전문 컨설팅 교사단을 별도로 양성하는 것이다. 현재 각급 학교에 배치되어 있는 진로진학상담교사들의 전문성을 더 강화하는 것이다. 이들은 급변하는 대입 전형(예: 의대 정원 확대, 반도체 계약학과 신설) 정보를 실시간으로 분석하고, AI 플랫폼의 데이터를 활용하여 학생 개개인에게 최적화된 데이터 기반 컨설팅을 제공한다.

다음으로 강화해야 할 부분은 계열별, 대학별 대입설명회 및 지역 연계 진학·진로 확대이다. 이는 전문가 컨설팅을 뒷받침하는 실질적인 체험의 장이 되어야 한다. 단순한 입시 설명회를 넘어, 전북대학교(지역혁신플랫폼 RIS 선도대학) 등 지역대학과 연계하여 학생들이 미리 대학 전공 수업을 이수하는 'UP(University-level Program)'을 개설하거나, 현대자동차 전주공장, LX한국국토정보공사(전북혁신도시 이전 기관) 등 지역 내 우수 기업 및 공공기관에서의 '직무 체험(Job Shadowing)' 프로그램을 정례화해야 한다. 이러한 프로그램에 참여하여 직접 체험해 봄으로써 진로가 정해지지 않은 학생에게는 자신의 진로를 찾는 기회가 될 것이며, 진로가 정해진 학생에게는 자신의 진로를 확인하고 확정하는 기회가 될 것이다.

3. 지역 미래전략산업 맞춤형 직업교육: 전북형 특성화학교 만들기

　우리 전북 지역은 학령인구 감소와 더불어, 지역 인재의 수도권 유출이라는 심각한 문제에 직면해 있다. 많은 학생이 '인 서울'만을 목표로 지역을 떠나고 있으며, 이 과정에서 자신이 나고 자란 전북의 가치와 잠재력을 제대로 인식하지 못하는 '지역 정체성'의 약화 현상이 발생하고 있다.

　따라서 우리의 진로 교육의 궁극적 목표 중 하나는 학생들이 미래 사회의 수요에 부응하는 인재로 성장하여 성공적으로 사회에 진출(취업)하고 지역에 정착(정주)하도록 돕는 것이다. 이는 지역 소멸 위기에 대응하는 중요한 전략이라 할 수 있다. 현재 전북교육청은 전북 글로컬 특성화고를 선정하여 운영하고 있다.〈표3〉 전북 글로컬 특성화고는 기존 특성화고를 신산업 신기술 융합형, 지역 전략산업 연계형, 학교 자체 발전형으로 학과를 재구조화하고 학교별로 학교명과 학과명 변경을 추진하는 것이 주요 내용이다.

<표3> 전북 글로컬 특성화고등학교 현황

학교	분야	학과
이리공업고등학교 (가칭 국제에너지고)	이차전지	배터리융합과
완산여자고등학교	문화관광콘텐츠	디지털콘텐츠과, 관광서비스과
한국기술부사관고등학교	군기술부사관	기계시스템과, 전기시스템과
전북베이커리고등학교	제과제빵명장	카페베이커리과
전북펫고등학교	반려동물산업	반려동물산업과
원광보건고등학교	보건 및 반려동물산업	보건간호과, 보건행정과, 반려동물과
전주공업고등학교	뿌리산업	건축과, 토목과, 기계과, 자동차과, 전기과, 전자과
글로벌학산고등학교	국제교류협력	국제미디어콘텐츠과, 헤어미용과, 보건간호과, 글로벌외식조리과, 제과제빵과
전북유니텍고등학교	신기술융합	EV기계과, 조리테크과
줄포자동차공업고등학교 (가칭 전북자동차고)	자동차 도장, 정비	미래자동차과, 토테크정비과, 오토컬러도장과
남원용성고등학교 (가칭 케이팜고)	스마트농업	스마트팜과, 드론팜테크과, 카페플라워과 예정
정읍제일고등학교 (가칭 전북반도체고)	반도체	반도체 장비과, 반도체 제조과 예정
전북인공지능고등학교 (구 영선고)	인공지능(AI)	AI소프트웨어과, 자동차과, 생태조경과

여기서 전북교육청이 고려해야 부분은 전북형 미래산업 특성화고 네트워크와 지역전략산업 맞춤 전환(피지컬AI 등)이다. 이는 최근 교육부가 추진하는 '협약형 특성화고등학교' 모델과 정확히 일치한다.

협약형 특성화고는 지자체-교육청-기업이 협약을 통해 지역 전략 산업에 필요한 인재를 학교 교육과정에서부터 공동으로 양성하고, 채용까지 보장하는 독일·스위스식 도제학교의 한국형 모델이다. 현재 전북교육청도 2개의 협약형 특성화고를 선정하여 운영하고 있다.〈표4〉

〈표4〉 협약형 특성화고 현황

학교	분야	학과
한국치즈과학고등학교	치즈, 바이오분야	치즈N조리과
수소에너지고등학교	수소에너지	수소융합과, 에너지융합과

우리가 여기서 고민해야 할 지점은 더 많은 특성화고등학교가 아니라 실질적이고 경쟁력이 있는 특성화고가 얼마나 있느냐의 문제이다. 앞서 살펴본 것처럼 특성화고 자퇴율은 2015학년도 2.02%에서 2024학년도 4.11%로 10년 만에 두 배 증가했다. 이는 특성화고가 학생들과 학부모에게 매력적이지 않다는 증거이기도 하다. 좀 더 매력적이고 경쟁력 있는 특성화고를 만들 필요가 있다. 현재 우리 지역의 전북글로컬특성화고와 협약형 특성화는 모두 15개이다. 이재명 대통령 공약 중의 '서울대 10개 만들기'가 있다. 이를 차용해 본다면, '경쟁력 있는 특성화고 10개 만들기'가 필요하다고 본다. 예를 들면, 우리 지역이 다른 지역에 비해 강점이 있는 부분은 피지컬AI와 푸드테크 분야이다. 피지컬AI 경우, 우리 지역이 피지컬 AI 선도지구로

지정된다면 이 분야는 다른 지역에 비해 더 경쟁력이 있을 것이다.

피지컬 AI (Physical AI)와 푸드테크(Food Tech)

- **피지컬AI:** 이는 단순 코딩이 아닌 로봇공학, 자율주행, 스마트 제조를 의미한다. 군산의 타타대우상용차, 전주의 현대자동차 등과 연계하여 미래차·로보틱스 관련 학과를 신설하고, 기업이 요구하는 실무(예: 로봇팔 제어, 생산라인 자동화) 교육과정을 공동 개발해야 한다.
- **푸드테크:** 익산의 국가식품클러스터와 연계하여, 스마트팜 운영, 대체육 개발, 식품 가공 자동화, 유통 빅데이터 분석 등 농생명 수도로서의 강점을 극대화하는 인재를 양성해야 한다.

이를 위해 학교와 산업 현장을 연결하는 컨트롤 타워 역할을 수행할 전북직업교육센터(원스톱허브)와 지역혁신교육클러스터가 구축되어야 한다. 특히 특성화고 안전한 현장실습은 과거 일부 현장실습이 교육이 아닌 저임금 노동력으로 전락했던 문제를 답습하지 않도록, 기업의 학습 중심 현장실습 인증을 강화하고 학생의 노동 인권을 철저히 보장하는 안전장치가 되어야 한다.

맺는말

지금까지 모두가 성공하는 진로 교육을 실현하기 위해 세 가지 핵심 전략(탄탄한 진학·진로교육, 맞춤형 진학·진로 지원, 지역 미래전략산업 직업 교육)을 제시해 보았다.

첫째, '탄탄한 진학·진로교육'은 경기도 꿈it(잇)다와 같은 AI 플랫폼의 성공 사례를 벤치마킹하되, 알고리즘 편향성 문제를 해결하고 진로 연계학기, 오디세이학교 같은 혁신적 교육과정을 도입하여 진로 교육의 체질을 강화한다.

둘째, '맞춤형 진학·진로 지원'은 수백만 원대의 고액 사교육 컨설팅 문제를 해결하기 위한 공교육 컨설팅의 전문성 강화를 통해 교육 형평성을 제고한다.

셋째, '지역 미래전략산업 직업교육'은 협약형 특성화고 모델을 적용, 피지컬AI나 푸드테크 등 전북의 핵심 전략 산업과 연계하여 '교육-취업-정주'의 선순환 생태계를 구축하는 것을 핵심으로 한다.

이러한 계획이 성공적으로 현장에 안착하고 지속 가능한 성과를 내기 위해서는, 다음 세 가지 정책적 지원이 필수적으로 수반되어야 한다.

첫째, 진로진학 전담교사의 전문성 및 처우 개선이 시급하다. AI 플랫폼을 능숙하게 활용하여 학생 데이터를 분석하고, 복잡한 학생부 컨설팅을 수행하며, 지역 전략 산업의 최신 동향을 파악하기 위해서는 교사들에 대한 파격적인 지원이 필요하다. AI 활용 상담 윤리, 산업체 파견 연수(예: 푸드테크 기업에서 3개월간 근무) 등 기존의 연수와는 차원이 다른 재교육 프로그램이 필요하며, 이에 상응하는 인센티브와 처우 개선이 뒤따라야 한다.

둘째, 종단 연구(Longitudinal Study) 기반의 환류 시스템을 구축해야 한다. 특성화고 졸업생의 실제 지역 내 취업률과 3년 후 정주율, AI 플랫폼 사용자의 진로 만족도 및 진로 변경률 등을 최소 5~10년간 추적하는 종단 데이터를 축적해야 한다. 이 데이터를 바탕으로 정책의 실효성을 냉철하게 평가하고 지속적으로 수정·보완하는 환류 체계(Feedback Loop)가 없다면, 막대한 예산을 투입하고도 일회성 구호에 그칠 위험이 있다.

셋째, 학부모 및 지역 사회의 인식 개선을 위한 병행 전략이 필요하다. 아무리 우수한 지역 직업 교육과 맞춤형 컨설팅을 제공해도, 학부모와 학생이 의대나 무조건 '인서울(In-Seoul)' 4년제 대학이라는 획일적인 목표만을 고수한다면 정책은 실패할 수밖에 없다. 협약형 특성화고의 비전, 지역 우수 강소기업의 성장 가능성, 선취업 후학습 제도의 이점 등을 지역 사회 전반에 적극적으로 홍보하고 공감대를 형성하는 캠페인이 동시에 추진되어야 한다.

결론적으로 전북형 진학진로 교육은 학생 개인의 성공적인 미래

설계와 지역 사회의 지속 가능한 발전을 연결하는 중요한 청사진이다. 위에서 제언한 세 가지 지원 전략이 동반될 때, 모두가 성공하는 진로 교육이라는 목표는 비로소 현실이 될 수 있을 것이다.

VI

하이터치!
AI·미래 교육

- 전북 AI·미래교육, '사업'에서 '학생의 삶'으로 옮겨가야 한다.
- 교육과정·수업·평가 전반의 구조적 재구성
- 농산어촌·소규모 학교를 위한 권역별·생태계형 지원 체제 구축
- 교사 전문성 강화와 업무 구조 개편
- 입시 제도와 연계
- 정서·관계·윤리 교육과 AI 활용을 통합적 설계

1. 머리말: AI 열풍 속에서 전북 교육을 묻다.

"선생님, 이 문제는 AI한테 물어보면 더 빨리 풀 수 있는데요?" 전북의 한 초등학교 5학년 교실에서 실제로 들려온 말이다. 학생들의 일상 속에 인공지능과 디지털 기술이 스며든 지는 이미 오래다. 문제는 학교 교육이 그 속도를 따라가고 있는가 하는 질문이다.

전북특별자치도교육청은 지난 몇 년간 '전북 미래교육'을 기치로 내걸고, 스마트기기 보급, 디지털·AI 선도학교 운영, 디지털 새싹 캠프, 미래학교 지정, 미래교육연구원 설립 등 굵직한 정책을 추진해 왔다. 표면적으로만 보자면 전북은 '미래교육의 외형'을 갖추는 데 상당한 성과를 거두었다.

그러나 학교 현장에서 들려오는 목소리를 조금만 더 가까이에서 들어보면, 정작 교실 안에서 학생과 교사의 삶이 얼마나 달라졌는지에 대해서는 다른 이야기가 나온다. "사업은 많은데, 그 사업이 아이들의 하루를 정말 바꾸고 있는지는 잘 모르겠다."는 교사의 한숨, "캠프는 재미있었는데, 다시 원래 수업으로 돌아오니까 예전이랑 똑같아요."라는 학생의 말은 우리에게 중요한 질문을 던진다.

이 글은 전북의 AI·미래교육 정책과 학교 현장의 구체적 사례를 바탕으로, 현황과 성과를 분석하고, 그 속에 내재한 한계와 모순을 비판적으로 성찰하며, 마지막으로 전북형 미래교육이 나아가야 할 방향과 개선과제를 모색하고자 한다.

2. AI·미래교육, 전북에서 더욱 절실한 이유

전북은 대표적인 농어촌, 도농복합 지역이다. 학령인구 감소, 지역 소멸의 위기, 도시와 농촌의 교육 격차 등은 전북교육이 오랫동안 안고 온 구조적 과제다. 이런 맥락에서 AI·미래교육은 단순히 "첨단 기술을 도입하는 프로젝트"가 아니라, 지역 격차를 줄이고, 학생들에게 '어디서 살아도 괜찮은 삶의 가능성'을 열어 주기 위한 생존 전략에 가깝다.

디지털 기술은 물리적 한계를 넘어서는 도구가 될 수 있다. 농촌의 작은 초등학교에서도 온라인 공동교육과정, 원격 멘토링, AI 튜터를 통해 도시 수준 이상의 학습 기회를 제공할 수 있다. 반대로, 기기와 인프라만 덜렁 도입된 채 수업과 평가, 학교 문화가 변하지 않는다면, AI·미래교육은 또 다른 '교육 격차의 얼굴'로 되돌아올 수 있다.

전북의 AI·미래교육을 평가할 때, 우리는 단순히 "몇 대의 태블릿을 보급했는가"가 아니라, 그 태블릿이 한 아이의 삶과 배움의 경험을 어떻게 바꾸었는가를 묻는 자리에서 출발해야 한다.

3. 전북의 AI·미래교육 정책과 학교 현장의 구체적 변화

가. 스마트기기 보급과 수업의 변화
- 어느 전주 시내 초등학교 이야기

전주 시내의 A초등학교는 3학년 이상 전 학생에게 교육용 스마트기기가 지급된 학교다. 교실을 가보면, 국어 시간에도, 수학 시간에도, 사회·과학 시간에도 아이들이 태블릿을 손에 들고 있다.

〈5학년 국어 수업의 한 장면〉

교사는 '논설문 쓰기' 단원을 진행하면서, 학생들에게 태블릿을 활용해 지역의 환경 문제를 조사해 오도록 했다. 아이들은 인터넷 기사와 통계 자료를 찾아보고, AI 도구에 "환경문제 관련 논거 예시를 알려 달라"고 물어보기도 했다. 그다음에는 친구들과 협력 문서에 논거를 정리하고, AI가 만들어 준 글을 비판적으로 비교·분석하면서 자신만의 주장과 근거를 다듬었다.

이 수업에서 AI는 정답을 대신 알려주는 도구가 아니라, 사고를 확장하고 토론을 촉발하는 도구로 사용되었다. 학생들은 "AI가 쓴 글은 그럴듯한데, 우리 마을 이야기는 없어요. 그 부분은 우리가 채워 넣어야 할 것 같아요"라고 말하며, 지역의 하천 사진과 직접 찍은 사진, 마을 어르신 인터뷰 내용을 붙여 넣었다.

이러한 장면은 스마트기기 보급이 단순히 "전자칠판 앞에서 교사가 교과서를 띄워 보여주는 수준"에서 한 걸음 나아가, 학생들이 디지털 도구를 활용해 스스로 자료를 찾고, 비교하고, 비판적으로 재구성하는 경험으로 이어질 때 비로소 의미 있는 변화를 만들어 낼 수 있음을 보여 준다.

나. 농산어촌 소규모 학교의 도전 – 군산 인근 B초등학교 사례

군산 인근 농촌 지역의 B초등학교는 전교생 60여 명의 작은 학교다. 학교는 '전북미래학교' 지정과 함께, 지역 농업과 연계한 AI·미래교육 프로젝트를 시도하고 있다.

6학년 학생들은 '스마트 농업과 미래'라는 주제로 프로젝트를 진행했다. 마을에 있는 비닐하우스를 찾아가 센서를 설치하고, 온도·습도·토양 수분 데이터를 태블릿으로 실시간 확인했다. 학생들은 "만약 우리가 농부라면, 어떤 데이터를 기반으로 물과 비료를 줄지"를 팀별로 토의했고, 교사는 간단한 블록 코딩 도구를 활용해 "조건에 따라 자동으로 물을 주는 프로그램"을 만들도록 안내했다.

이 과정에서 학생들은 과학 교과의 '온도·수분' 개념, 수학 교과의

'자료의 정리와 해석', 실과 교과의 '농업과 진로' 내용이 통합된 경험을 하게 된다. 무엇보다 중요한 것은, 자신이 살고 있는 마을과 지역 문제를 AI·센서·데이터와 연결해 보는 경험이다.

하지만 이 학교의 시도는 동시에 여러 어려움도 드러낸다. 센서를 설치하고 유지·보수할 수 있는 전문 인력이 부족하고, 작은 학교의 교원이 복수의 업무를 떠안다 보니 프로젝트가 "특정 학년·특정 시기"에만 이루어지고 지속성이 떨어진다는 점이다. 이 사례는 전북 AI·미래교육이 농산어촌에서야말로 절실하지만, 그만큼 더 촘촘한 인력·재정·전문성 지원이 필요함을 잘 보여 준다.

다. 중등 단계의 프로젝트 수업과 입시의 긴장
- 익산 C고등학교 사례

익산의 한 일반계 C고등학교는 학교 교육과정 재구성을 통해 AI·미래사회 관련 탐구 과목을 개설했다. 1학년 학생들은 'AI와 노동의 미래'라는 주제로 팀 프로젝트를 수행했다.

학생들은 지역 산업단지에서 일하는 노동자 인터뷰, 온라인 설문조사, AI 챗봇을 활용한 자료 정리 등을 통해 "AI 시대의 일과 직업"에 대해 고민했다. 어떤 팀은 지역 제조업 공장의 자동화 사례를 조사했고, 다른 팀은 "AI가 교사를 대체할 수 있는가?"라는 도발적인 질문을 던지며 교사·학생 인터뷰를 진행했다.

발표회 날, 한 학생은 이렇게 말했다.

"AI가 단순 반복 노동을 대체할 수는 있지만, 사람의 감정과 관계는 대체하기 어렵다는 걸 느꼈어요. 그래서 저는 사람과 사람 사이의 일을 잘하는 직업을 고민해 보게 됐어요."

그러나 2학년이 되면서 상황은 달라졌다. 수능 준비와 내신 경쟁이 본격화되자, 학생들은 "이런 프로젝트 수업은 재밌지만, 수능 공부에 도움이 되느냐"는 질문을 쏟아냈고, 교사들 역시 "진학 실적"과 "미래교육" 사이에서 압박을 느꼈다. 결국 이 과목은 선택자 수가 줄어들면서 규모가 축소되었다.

이 사례는 입시 중심 체제가 AI·미래교육의 지속성과 심화를 가로막는 구조적 장벽임을 생생하게 보여 준다. AI와 미래사회에 대해 깊이 고민했던 학생들의 경험은 소중하지만, 입시와 대입 전형이 이를 어떻게 평가하고 인정하느냐에 따라, 학교의 선택은 달라질 수 밖에 없다.

라. 정서·관계 교육과 AI 활용의 만남 – 전주 D중학교의 시도

전주의 D중학교는 학교폭력과 학생 정서 문제로 고민이 많았던 학교다. 이 학교는 AI·미래교육 정책과 별개로, SEL(사회·정서학습)과 디지털 리터러시를 결합한 프로그램을 시도했다.

2학년 학생들은 '디지털 공감 일기' 프로젝트를 진행하였다. 학생들은 태블릿으로 하루에 한 번, AI 일기 도구에 자신의 감정과 사건을 적어 넣었다. AI는 학생의 글을 분석해 "지금 많이 힘들어 보이네요. 누구에게 도움을 요청해 보는 건 어때요?"와 같은 문장을 제안했고, 교사는 학생의 동의를 얻어 필요한 경우 개별 상담을 진행했다.

처음에는 "AI가 내 마음을 이해할 수 있느냐"는 냉소적인 반응도 있었지만, 시간이 지나자 "친구에게 직접 말하기는 부끄러운데, 일기에는 솔직하게 적게 된다"는 피드백이 늘어났다. AI는 학생의 감정을 완전히 이해할 수는 없었지만, 정서 표현을 연습하는 안전한 공간이 되어 주었다.

다만 이 과정에서 데이터·프라이버시·윤리 문제가 민감하게 제기되었다. 상담 내용이 어디까지 기록되고, 누가 볼 수 있는지에 대한 명확한 설명과 합의가 필요했고, 일부 학부모는 "아이의 감정 데이터를 AI가 분석하는 것이 불 comfortable하다"고 우려를 표했다. 이 사례는 AI·미래교육이 정서·관계 교육과 결합될 때, 기술적 가능성만큼이나 윤리적 숙의가 중요함을 보여 주는 경고이기도 하다.

4. 전북 AI·미래교육의 성과와 한계: 학교 사례가 보여 주는 것들

앞서 살펴본 사례들은 전북의 AI·미래교육이 단순한 정책 문서의 구호를 넘어 실제 교실 속 다양하고 살아 있는 시도로 이어지고 있음을 보여 준다. 스마트기기 보급과 디지털 선도학교를 통한 수업 방식의 변화, 농산어촌 소규모 학교에서의 지역 연계 데이터·AI 프로젝트, 고등학교에서의 미래사회 주제 탐구와 프로젝트 수업, 정서·관계교육과 AI 활용을 결합한 새로운 시도. 이 모든 것은 전북 교육이 "어제와 다른 학교"를 만들기 위해 애써 온 흔적이다. 그러나 동시에 이 사례들은 다음과 같은 구조적 한계도 함께 드러낸다.

첫째, 사업 중심·이벤트형 접근의 한계다.

디지털 새싹 캠프, 공모전, 연구·선도학교 사업은 특정 기간·특정 학교·특정 학생에게 집중되는 경향이 있다. 참여한 학생들은 강렬하고 긍정적인 경험을 하지만, 캠프가 끝나고 사업이 종료되면 "원래의 수업"으로 돌아가는 경우가 많다. 프로젝트 수업을 경험한 학생이 다음 학기에는 다시 강의식·문제풀이식 수업으로 돌아가는 현실은, 미래교육이 학생의 '연속적인 배움의 여정'이 아니라, '한 번 다녀오는 행사'로 소비되고 있음을 의미한다.

둘째, 교사 업무 과중과 역량 격차 문제다.

앞선 B초등학교와 C고등학교 사례에서 보았듯이, 열정적인 교사가 있을 때 미래교육은 급속도로 진전될 수 있다. 그러나 몇몇 "열정교사"에게 모든 혁신을 의존하는 구조는 오래 버티기 어렵다. AI·미래교육 관련 새로운 플랫폼과 기기가 나올 때마다, 교사는 늘 "또 하나의 일을 배워야" 하며, 행정·보고 업무도 뒤따른다. 이는 곧 교사소진과 혁신 피로감으로 이어진다.

셋째, 입시 중심 체제와의 긴장이다.

C고등학교 사례처럼, 학생들이 AI·미래사회에 대해 진지하게 탐구하고, 프로젝트를 수행하며 성장하는 경험을 하더라도, 현행 대입 전형이 이를 충분히 인정하지 않는다면, 학교는 결국 "진학 실적"과 "미래교육" 사이의 갈등을 겪을 수밖에 없다. 이는 AI·미래교육이 고등학교에서 '잠깐 맛보는 경험'으로 머무를 위험을 내포한다.

넷째, 지역·학교 간 격차다.

도시의 중·대규모 학교는 교육청·지자체 사업을 비교적 쉽게 활용할 수 있지만, 농산어촌의 소규모 학교는 인력·재정·전문성 면에서 상대적으로 불리하다. B초등학교가 보여 주듯이, 훌륭한 시도를 하고 있음에도 이를 지속·확산할 수 있는 구조적 지원이 뒷받침되지 않으면, '좋은 모델'이 지역 전체의 변화로 이어지지 못한 채, 아름다운 사례로만 남을 수 있다.

5. 개선 과제: 전북형 AI·미래교육이 나아가야 할 방향

전북의 AI·미래교육이 "사업과 기기의 수를 늘리는 단계"를 넘어, 학생과 교사의 삶을 바꾸는 단계로 나아가기 위해서는 무엇이 필요할까. 학교 현장의 사례가 보여 준 성과와 한계를 토대로, 몇 가지 개선 과제를 제안해 본다.

첫째, 교육과정·수업·평가 전반의 구조적 재구성이 필요하다. AI·미래교육 관련 단발성 프로그램을 넘어서, 각 교과에서 최소한 매 학년 1개 이상 프로젝트·융합 단원을 필수로 설계하고, 그 단원이 성적과 기록(학교생활기록부)에도 실제로 반영되며, 디지털 포트폴리오를 통해 학생의 성장 과정을 누적·평가하는 구조를 갖추어야 한다.

둘째, 농어촌·소규모 학교를 위한 권역별·생태계형 지원 체제를 구축해야 한다. 한 학교 단위가 아니라, 시·군 권역 단위로 AI·SW 체험센터, 메이커스페이스, 온라인 공동교육과정을 운영하고, 지역 대학·기업·마을과 연계한 프로젝트를 지원하며, 교원 부족·전문성 부족을 온라인 멘토링·순회 교사·공동 연구 네트워크로 보완할 필요가 있다.

셋째, 교사 전문성 강화와 업무 구조 개편이 동시에 이루어져야 한다. AI·미래교육 연수의 초점을 "새로운 플랫폼 사용법"에서 "수업·교육과정 설계와 평가 전략"으로 옮기고, 디지털 튜터·행정 인력을 확대하여 교사가 '미래교육 설계자' 역할에 집중할 수 있도록 해야 한다. 또한 연구·선도학교 교사들의 수업 자료·평가 도구·포트폴리오 예시를 체계적으로 정리해, 누구나 활용할 수 있는 '공유 자원'으로 만드는 작업이 필요하다.

넷째, 입시 제도와의 연계를 고민해야 한다. 이 부분은 교육청 단독으로 해결하기 어렵지만, 학교종합전형·학생부종합전형에서 AI·미래교육 관련 프로젝트 경험과 포트폴리오를 정당하게 평가하도록 대학과 지속적인 대화를 이어가고, 도 교육청 차원에서 전북형 학생부 기재·평가 가이드라인을 마련해, 학교의 시도를 적극적으로 뒷받침해야 한다.

다섯째, 정서·관계·윤리 교육과 AI 활용을 통합적으로 설계해야 한다. AI를 활용한 학습·상담·평가 과정에서,학생의 데이터 보호, 알고리즘 편향, 인간-기계 관계의 윤리 등 중요한 의제를 수업 안에서 정면으로 다루고, 학생·교사·학부모가 함께 논의하는 구조가 필요하다. D중학교의 '디지털 공감 일기' 시도처럼, AI를 정서·관계 교육의 도구로 활용하되, 언제나 인간의 존엄과 자율성을 최우선 가치로 두는 원칙이 분명히 세워져야 한다.

6. 맺는말: '기기'보다 '이야기'를 늘리는 미래교육을 위해

전북의 AI·미래교육은 이미 많은 것을 해냈다. 학교를 다녀 보면, 태블릿과 노트북, 전자칠판이 없는 교실을 찾기가 어려울 정도다. 곳곳에서 학생들이 코딩을 하고, 데이터를 분석하고, AI와 대화하며 과제를 수행한다. 겉으로 보기에는 분명 과거와는 다른 풍경이다.

그러나 진정한 미래교육은 기기의 개수나 사업의 숫자가 아니라, "학생 한 명 한 명의 삶과 배움의 이야기"가 얼마나 풍성해졌는가로 평가되어야 한다.

전북의 어느 농촌 초등학교 학생이 스마트 농업 프로젝트를 통해 "내가 살고 있는 마을에도 미래가 있구나"라는 희망을 품게 되었다면, 어느 도시 중학교 학생이 디지털 공감 일기를 통해 "내 마음을 표현하고 돌볼 수 있는 힘"을 기르게 되었다면, 어느 고등학교 학생이 AI와 노동의 미래를 탐구하며 "사람과 사람 사이의 일을 잘하는 어른이 되고 싶다"고 진로를 고민하게 되었다면, 그것이 바로 전북 AI·미래교육의 가장 값진 성과일 것이다.

이제 전북 교육은 '기기 중심'에서 '이야기 중심'으로, '사업 중심'에서 '학생과 교사 중심'으로 과감히 무게중심을 옮겨야 한다. 그 전환을 얼마나 진정성 있게, 얼마나 치열하게 해내느냐에 따라, 전북의 아이들이 마주하게 될 미래도 달라질 것이다.

VII

관계 회복 중심의
따뜻한 학교

- 치유, 성장, 연결로 이루는 새로운 교육이 길
- 따뜻한 교실 공간 혁신
- 학교 상담 강화와 정서 지원 체계 구축
- 자기주도형 인성교육과 회복적 생활교육
- 대안교육지원센터의 내실화, 관계의 끈을 잇는 교육

머리말: 학생 중심 교육을 넘어 '관계' 중심 교육으로

지난 수십 년간 학교는 빠르게 변화해 왔다. 그러나 최근의 변화는 단순한 교육방식의 변화나 기술 도입 수준을 넘어서, 학교가 무엇을 위해 존재하는가라는 근본적 질문으로 우리를 이끌고 있다. 학령인구 감소, 지역 소멸 위기, 교권 갈등, 정서·행동 위험 학생 증가, 코로나19로 인한 사회·정서적 결손 등은 학교가 마주한 복합적 현실이다. 그 가운데 교실은 더 이상 지식 전달만 이루어지는 공간이 아니라, 아이들의 정서와 관계가 끊임없이 부딪히고 회복되는 일상의 무대가 되었다.

교육의 목표가 단순히 '잘 아는 학생'이 아니라 '잘 자라는 학생'으로 전환되는 시점에서, 관계는 더 이상 부차적 요소가 아니다. 관계는 학습의 전제이며, 정서의 안전망이며, 학교 공동체가 존재하는 이유 그 자체다. 교사와 학생의 관계, 학생들 사이의 관계, 학부모와 학교의 관계, 그리고 학교와 지역사회의 관계가 건강하게 작동할 때 비로소 교육은 제 기능을 발휘한다.

이러한 배경 속에서 '관계 회복 중심의 따뜻한 학교'라는 비전은 한국 교육이 반드시 나아가야 할 길로 부상하고 있다. 따뜻함은 단순한 감상적 표현이 아니다. 그것은 학생의 정서 안정이 학업 성취로 이어지고, 관계의 복원이 공동체의 힘으로 이어지며, 치유와 회복이 미래 역량으로 전환되는 구조적 변화를 의미한다.

여기에서 이러한 변화를 위한 구체적인 정책적·실천적 접근을 다루고자 한다. 학급당 학생 수 감축, 교실 공간 혁신, 상담체계 강화, 자기주도형 인성교육, 회복적 생활교육, 대안교육지원센터의 내실화, 학교 밖 청소년 지원 확대까지 각 영역은 독립된 과제가 아니라 서로 연결된 생태계다. 이제 학교는 다시 관계를 배워야 한다. 아이들은 관계를 통해 성장하고, 교사는 관계를 통해 전문성을 발휘하며, 공동체는 관계를 통해 지속성을 확보한다. 이 책이 그 길을 위한 하나의 지침이 되어주기를 바란다.

1. 관계 회복이 중심이 되는 학교의 새로운 상(像)

가. 학급당 학생 수 감축의 의미와 효과

학급당 학생 수는 종종 단순한 숫자로 취급되지만, 실제로는 교육의 질을 결정짓는 구조적 변수 중 가장 강력한 요소이다. 교사가 학생 한 명에게 투자할 수 있는 시간, 정서적 관심의 여유, 수업 중 개별 피드백 가능성, 위험 신호를 감지하는 정확도, 학습 격차를 좁히기 위한 전략 등 대부분의 교육 활동은 학급 규모와 밀접하게 연관된다. 한국의 학급당 학생 수는 지난 20년간 꾸준히 감소했지만 여전히 OECD 평균보다 높게 유지되어 왔다. 특히 초등 저학년의 발달 특성을 고려하면 '개별화'의 필요성은 더욱 절실하지만 현장에서는 다인수 학급으로 인해 충분한 돌봄과 상호작용을 제공하기 어려운 상황이 반복되었다. 학급당 학생수 단계적 감축으로 제시하고자 하는 기준이 바로 공립유치원 3·4·5세 12·14·16명, 초·중학교 20명이다.

〈교사 1인당 학생 수 및 학급당 학생 수〉

(단위 : 명)

기준연도	구분	교사 1인당 학생 수			학급당 학생 수	
		초등학교	중학교	고등학교	초등학교	중학교
2023년	한국	15.3	12.8	10.5	21.6	25.7
	OECD평균	14.1	12.9	12.7	20.6	23.0

※ OECD 기준상 '교사'는 기간제 교사 및 휴직 교사를 포함한 수업 교사(수석교사, 실기교사, 특수 교사)
를 대상으로 산출(관리직 교원, 상담·사서·보건·영양 등 주 업무가 수업이 아닌 교사 제외)
※ OECD는 고등학교 단계의 학급당 학생 수를 비산출

[출처: 교육부 공식 블로그 https://blog.naver.com/moeblog/224000886867?trackingCode=rss]

1) '작은 학급'이 만드는 교육의 변화

작은 학급은 단순히 교실의 물리적 '밀도'를 낮추는 데서 끝나지 않는다. 그것은 교사와 학생의 심리적 '거리'를 좁히는 역할을 한다. 교사는 학생 각각의 기질, 생활배경, 감정 흐름, 학습 어려움을 더 정확히 이해하게 되고, 학생은 교사에게 더 자주 자신의 생각과 감정을 드러내게 된다. 이는 자연스럽게 관계적 안전망을 형성하고, 관계적 신뢰가 높아질수록 학생은 더 안정된 상태에서 학습에 몰입하게 된다. 학급 규모 축소는 교사의 수업 설계에도 긍정적 영향을 준다. 활동 중심 수업, 협력학습, 탐구 기반 학습은 학생 수가 많을 때 운영하기 어렵지만, 적정 규모에서는 훨씬 자연스럽고 안전하게 운영된다. 또래 간 갈등 역시 규모가 클수록 빈도가 높고 해결이 어려운데, 작은 학급에서는 갈등 발생 후 회복 과정에서 교사 개입이 용이해지고

지속적인 관계관리도 가능해진다.

2) 유치원 학급 감축의 의미

유아기는 생애 초기 발달의 결정적 시기다. 언어 능력, 자기조절 능력, 사회성은 상호작용의 질에 따라 크게 달라진다. 3세 12명, 4세 14명, 5세 16명이라는 기준은 단순히 인원 감축이 아니라 발달 단계에 맞춘 상호작용 최적화를 뜻한다. 유아기의 교사-유아 상호작용이 높아질수록 정서 안정과 사회성 발달이 크게 개선된다는 연구(OECD, 2022)[35]는 작은 학급이 왜 중요한지 분명히 보여준다. 소규모 클래스에서 아이들은 자신의 감정 표현을 더 많이 시도하며, 교사 역시 유아 개개인의 미세한 변화까지 포착할 수 있다.

3) 초·중학교 20명 기준의 구조적 효과

초등학교 고학년과 중학생은 정서적 성장과 자아 형성의 중요한 과정을 거친다. 이 시기에 또래 갈등, 학교폭력 문제, 학업적 압박은 학생의 정서적 안정에 많은 영향을 미친다. 학급 규모 축소는 이러한 위험 요인이 확산되는 것을 막는 '안전장치'의 역할을 한다. 특히 중학교에서 발생하는 작은 오해나 갈등도 교사가 신속하게 개입할 수

---

35) OECD (2022). Early childhood education and care workforce development: A foundation for process quality. OECD Education Policy Perspectives No. 54.

있어 관계 회복이 훨씬 효과적이다.

4) 해외 사례 비교

핀란드, 덴마크, 네덜란드 등 교육 선진국은 이미 20명 이하 학급을 표준으로 운영하고 있다. 이들 국가가 작은 학급을 유지하는 이유는 학습 격차 완화나 학업 성취도 향상뿐 아니라 학생의 삶의 질을 높이는 것이 국가 차원의 목표이기 때문이다. 정서의 안정 없이는 학습도 존재할 수 없다는 철학이 교육정책 전반에 뚜렷이 반영되어 있다. 한국이 이런 방향으로 나아가는 것은 단순히 '따라가기'가 아니라, 지금의 시대가 요구하는 교육의 본질에 부합하는 자연스러운 진화라고 할 수 있다.

나. 따뜻한 교실 공간 혁신

교실 공간은 단지 아이들이 머물기 위한 장소가 아니다. 그것은 학생의 정서 상태, 사회적 행동, 학습 동기, 또래 관계에 직접 영향을 미치는 심리적·사회적 환경이다. 현대 교육학에서는 공간을 '제3의 교사'라고 부르기도 한다. 아이의 발달 특성, 감정의 흐름, 수업의 유형 등에 따라 가장 적합한 환경을 제공하는 교실은 단순한 시설 개선을 넘어 교육 그 자체다.

1) 공간이 관계를 변화시키는 이유

서로 마주 보며 대화할 수 있는 구조인지, 움직일 수 있는 여유가 있는지, 쉬어갈 수 있는 안정 공간이 있는지, 빛과 색은 어떤지, 소음 환경은 적절한지 등은 모두 학생들의 심리적 안정과 상호작용의 질에 중요한 영향을 미친다. 특히 초등 1~2학년은 발달 특성상 정서적 불안과 충동성이 높을 수 있는 시기이다. 이런 학생들에게 칸막이처럼 고정되어 있는 책상 구조나 직각으로 배열된 책걸상은 오히려 불필요한 긴장감을 줄 수 있다. 반면 라운지형 구조나 개방된 코너존 형태는 안정감을 제공하고, 자연스러운 상호작용을 돕는다.

2) 정서 안정 공간의 필요성

교실 안에 작은 '정서 휴식 코너'를 비치하는 것은 갈등 예방과 학생의 자기조절력 강화에 큰 도움이 된다. 이 공간은 처벌의 장소가 아니라 감정을 정리하고 다시 수업에 복귀할 힘을 얻는 공간이다. 학생들은 자신의 감정을 스스로 가다듬는 시간을 갖는 경험을 통해 정서 조절 능력을 높이며, 교사 역시 갈등 상황에서 부담을 덜 수 있다. 이처럼 따뜻한 교실은 아이들의 마음이 흔들릴 때 잠시 기대어 숨을 고를 수 있는 환경을 제공하며, 이것은 결국 문제행동 예방과 관계 회복에 기여한다.

다. 학교 상담 강화와 정서 지원 체계 구축

학교가 가장 먼저 제공해야 할 것은 정서적 안전감이다. 학생이 자신의 감정을 이해받고 존중받는 경험을 지속적으로 누릴 때, 그는 안정된 상태에서 학습과 관계 모두에 참여할 수 있게 된다. 하지만 현실의 학교에서는 정서적으로 어려움을 겪는 학생들이 점점 늘어나고 있으며, 상담 수요는 폭발적으로 증가하는 반면 상담 인력과 체계는 여전히 부족한 상황이다. 그 간극을 메우기 위한 전략이 바로 학교 상담의 강화이다. 학교상담 조례의 제정은 큰 전환점을 만든다. 조례는 상담이 선택적 부가서비스가 아닌 필수적 교육권임을 명확히 하며, 지방교육청이 상담 인력 배치와 예산을 안정적으로 운영할 수 있도록 법적 기반을 마련한다. 상담교사가 학교에 충분히 배치되면 학생들은 정기적인 상담을 통해 자신의 감정을 해석하고, 스트레스를 조절하며, 문제 상황을 더 건강하게 대응하게 된다. 이는 단순한 진로상담이나 위기 개입의 차원을 넘어, 학생의 전반적인 성장 과정에 깊숙이 스며드는 생활 기반 지원이다.

정서 지원 체계를 바라볼 때 주목해야 할 한 가지는, 상담이 학생 개개인에게만 머물러서는 안 된다는 점이다. 상담실이 학교 안의 분리된 '치료 장소'로 존재하는 것이 아니라, 교실·학년부·가정·지역까지 연결된 통합적 정서 지원 생태계가 구축되어야 한다. 교사는 정서 신호를 조기에 발견하고, 학부모는 가정에서의 변화를 공유하며, 상담사는 전문적 개입을 이어간다. 이와 같은 협력 구조는 학생이 어디에서든 '도움을 받을 수 있다'는 감각을 갖게 하며, 이는 정서적 안정의 강력한 기반이 된다.

정서·행동 어려움을 가진 학생을 위한 1·2·3단계 지원 모델은 이러한 생태계를 설계하는 중요한 틀이다. 1단계는 모든 학생이 참여하는 정서 교육과 사회적 기술 수업으로, 학생 전체의 안정성을 높인다. 2단계는 위험군 학생이 참여하는 소그룹 프로그램이며, 3단계는 개별 심층 상담과 지역기관 연계를 포함한다. 이 다층적 구조는 위험을 조기에 탐지하고 악화되는 것을 막아주는 '학교의 건강한 면역체계'와 같다. 이처럼 상담체계 강화는 따뜻한 학교를 만드는 핵심 축이며, 이는 곧 관계 회복의 기반을 설계하는 과정이기도 하다.

2. 관계 중심 생활 교육

관계가 교육의 중심이 될 때, 생활교육은 더 이상 처벌 중심의 규정 운영이 아니라 학생을 이해하고, 그가 속한 공동체를 보호하는 관계 중심의 실천으로 전환된다. 2부에서는 인성교육과 생활교육이 어떻게 관계 회복과 연결되는지를 심층적으로 살펴본다.

가. 자기주도형 인성교육의 철학과 실제

오늘날의 학생들은 복잡한 사회적 환경 속에서 성장하고 있다. SNS를 통한 비교, 빠른 정보 소비, 스트레스 증가, 타인과의 관계 피로감 등은 학생들의 정서 기반을 흔들어 놓는다. 이러한 시대일수록 인성교육은 더욱 중요한 역할을 가지지만, 과거처럼 일방적인 주입·훈계식 접근으로는 학생의 내면을 움직일 수 없다.

자기주도형 인성교육은 학생이 스스로 자신의 감정을 탐색하고, 가치 판단을 내리며, 관계 속에서 행동을 선택하도록 돕는 인성교육이다. 이는 외적 규범을 전달하는 방식이 아니라, 내적 성장을 중심에 둔 교육이다. 학생은 학교생활 속에서 자신이 어떤 순간에 어떤 감정을 느끼는지 인식하고, 타인의 감정을 이해하며, 갈등 상황에서 자신의 행동을 조절하는 힘을 길러간다. 이러한 인성교육은 단순히 도덕적 사고를 기르는 것이 아니다. 그것은 자아존중감·공감능력·자기조절력 등 삶의 핵심 역량을 키우는 길이다. 감정을 정교하게 언어로 표현할 수 있는 학생일수록 타인과의 관계에서 충돌이 적고, 협력 행동이 자연스럽다는 연구들이 이를 뒷받침한다. 즉, 감정을 읽고 조절하는 힘은 사회적 능력의 토대이며, 이는 학습 집중력에도 직결된다.

초·중학교에서 운영 가능한 자기주도형 인성교육 프로그램은 감정일기 쓰기, 공감 대화 연습, 역할 바꾸어 말하기, 협력 프로젝트 수행 등이 있다. 학생은 이러한 활동을 통해 학교를 '다툼의 공간'이 아니라 '성장과 회복의 연습공간'으로 경험한다. 가장 중요한 것은 학생 스스로가 자신의 변화를 체감하는 것이다. "어제보다 오늘, 나는 조금 더 나를 알게 되었구나." "친구의 말을 들으면서 내가 느낀 감정이 무엇인지 깨닫게 되었어." 이런 작은 변화들이 누적되면서 관계 중심 학교를 지탱하는 힘이 만들어진다.

나. 회복적 생활교육 – 갈등을 통해 다시 관계를 세우다

전통적인 생활지도는 규칙을 어긴 학생을 '처벌의 대상'으로 인식하는 경향이 강했다. 하지만 처벌은 문제행동의 원인을 해결하지 못하며, 오히려 관계를 단절시키고 학생의 감정적 고립을 심화시키는 경우가 많다. 이에 반해 회복적 생활교육은 관계를 중심에 두고 갈등 상황을 다루는 접근이다.

회복적 생활교육은 피해와 가해라는 이분법보다 '누가, 어떤 상황에서, 누구에게, 어떤 영향을 미쳤는가'를 중심에 둔다. 잘못한 행동을 따지는 것보다, 그 행동이 사람과 공동체에 어떤 감정적 흔적을 남겼는지를 성찰하는 과정이 핵심이다. 학생은 이 과정을 통해 단순한 반성과 사과를 넘어 자신이 타인에게 미친 영향에 대해 깊이 이해하게 된다.

관계 회복 숙려제는 이러한 접근을 구조화한 제도이다. 갈등이나 문제행동이 발생했을 때 학생을 즉시 처벌하거나 분리하는 대신 일정 기간 감정을 정리하고 사고를 재구성할 시간을 갖게 한다. 이 과정에서 전문 상담교사와 담임교사가 협력하여 학생이 감정을 이해하고, 자신의 행동을 돌아보며, 회복적 대화를 준비하도록 돕는다.

숙려 기간 후 이루어지는 회복 대화는 그 자체로 교육의 장이다. 피해 학생은 자신의 감정을 솔직히 표현하고, 가해 학생은 그것을 경청하며, 교사는 양측의 감정이 안전하게 교류될 수 있도록 돕는다. 이는 단순한 사과 이상의 경험이며, 종종 학생들의 관계를 사건 이전보다 더 깊고 성숙한 단계로 이끌기도 한다. 학교폭력 사안에서도 회복적 접근이 점차 확대되고 있다. 단순히 처벌을 강화한다고 해서 폭력이 줄지 않는다는 연구 결과들이 이를 뒷받침한다. 폭력의 근본 원인은 대부분 상처, 고립감, 스트레스, 인정 욕구 등 정서적 요인과 연결되어 있고, 이를 해결하지 않는 한 폭력 행동은 반복될 가능성이 높다. 회복적 생활교육은 바로 그 정서적 층위를 다루는 방식이다. 궁극적으로 회복적 생활교육은 학생들에게 중요한 가르침을 남긴다. 갈등은 끝이 아니라 회복의 과정이 될 수 있다는 것이다. 이는 학교를 넘어, 학생이 살아갈 사회 속에서 평생 활용하게 될 중요한 삶의 기술이 된다.

3. 대안교육·지역 연계·학교 밖 청소년 지원

학교는 모든 학생에게 동일한 방식의 배움을 제공하는 곳처럼 보이지만, 실제 현실은 그렇지 않다. 어떤 학생은 일반적인 교실 구조 속에서 충분히 성장하지만, 어떤 학생은 학교라는 틀과 자신의 속도·성향·정서 상태 사이에서 충돌을 경험한다. 누구도 틀렸거나 실패한 것이 아니다. 다만 그 학생에게 필요한 '다른 배움의 형태'가 존재한다는 의미일 뿐이다. 이러한 학생들을 포용하기 위한 교육적 장치가 바로 대안교육이며, 그 중심에 대안교육지원센터가 있다.

가. 대안교육지원센터의 내실화 – 또 다른 성장의 문을 열다

대안교육지원센터는 학교생활의 어려움, 정서적 불안, 학습결손, 또래 갈등, 가정환경 문제 등 다양한 이유로 기존 학교 체제에 적응하지 못한 학생을 지원하는 기관이다. 그러나 이 센터는 단순히 '학교 밖 학생의 임시 보호소'가 아니라, 학생의 잠재력을 다시 발견하고 회복시키는 중요한 공간이다.

1) 회복교실의 의미

회복교실은 학생을 분리하거나 통제하는 곳이 아니다. 그곳은 학생이 스스로의 속도대로 감정을 정돈하고, 자존감을 회복하며, 학습 동기를 되찾는 치유와 성찰의 공간이다. 학교에서 감정을 조절하지 못하는 학생도 회복교실에서는 차분히 자신의 감정을 말하며, 또래관계에서 소외감을 느끼던 학생도 작은 그룹 속에서 다시 협력하는 경험을 한다. 이는 학생에게 "나는 다시 시작할 수 있다"는 감각을 심어준다. 회복교실 프로그램은 정서 치유 활동, 마음쓰기 활동, 개별 학습 회복 시간, 프로젝트 기반 협력 활동 등으로 구성된다. 이러한 과정은 학생 개인의 속도와 성향을 존중하며, 자신의 변화를 스스로 체감하도록 돕는다.

2) 위탁교육과정의 확장

일부 학생은 기존 학교 생활이 너무 힘들어서 새로운 환경에서 에너지를 회복할 시간이 필요하다. 위탁교육과정은 이런 학생을 위해 지역의 전문 기관과 교육청이 협력하여 제공하는 교육 프로그램이다. 이는 학생의 개인적 상황을 고려한 '맞춤형 성장 경로'이며, 학교가 포기하지 않고 연결을 유지한다는 상징적 의미를 가진다.

3) 지역 자원 활용의 중요성

대안교육은 학교 혼자 만들어낼 수 있는 생태계가 아니다. 폐교를 활용한 작은 학습공간, 청소년자치센터, 지역 도서관, 지역의 예술교육 기관, 상담기관 등이 함께 연결될 때 비로소 완성된다. 이것은 교육이 지역 공동체 안에서 살아 움직이는 구조를 만든다. 학생이 더 이상 학교라는 공간에 갇혀 있지 않고, 지역사회 전체를 배움의 장으로 경험할 때 그는 새로운 세계를 보고 새로운 자존감을 얻는다.

나. 학교 밖 청소년 지원 – 관계의 끈을 잇는 교육

학교 밖 청소년은 사회가 오랫동안 편견을 가져온 대상이다. 하지만 우리는 이제 '학교 밖'이라는 단어가 실패나 이탈이 아니라, 다른 형태의 성장 경로임을 이해해야 한다. 교육은 단일한 길만 존재하지 않으며, 학생은 각자의 현실과 속도에 맞는 방식으로 성장할 수 있다.

1) 학교 밖 청소년의 현실을 이해하는 것에서 출발한다

많은 학생이 학교를 떠나는 이유는 단순하지 않다. 가정 환경의 어려움, 정신적 스트레스, 학업 부담, 친구 관계 갈등, 사회적 낙인, 자존감 손상 등 다양한 이유가 복합적으로 작용한다. 이들에게 가장 필요한 것은 처벌이나 비난이 아니라 이해와 연결이다. 학생이 학교 밖에 있다고 해서 교육의 대상에서 제외되는 것이 아니다. 오히려 이 시기야말로 더 많은 관심과 정서적 지지가 필요하다.

2) 정서 회복과 치료의 중요성

학교 밖 청소년 지원체계는 정서 회복 프로그램을 중심에 두어야 한다. 상담, 심리치료, 감정 조절 교육, 회복 프로그램은 학생에게 다시 삶의 방향을 잡을 수 있는 힘을 제공한다. 청소년지원센터, Wee센터, 지자체 프로그램과 연계된 통합 지원은 학생이 다시 안정감을 회복하는 중요한 기반이 된다.

3) 학습 복귀 혹은 새로운 진로 선택

일부 학생은 다시 학교로 돌아갈 준비를 하게 되고, 또 일부 학생은 직업 교육을 통해 새로운 미래를 설계하기도 한다. 중요한 것은 그 선택이 '강요'가 아니라 자기 결정이라는 점이다. 학교 밖 청소년을 위한 지원이 확대될수록, 학생이 어떤 형태의 성장을 선택하더라도 교육은 그 곁을 지켜주는 존재가 된다. 이것이 진정한 의미의 포용적 교육이다.

4. 실행 전략과 미래 비전

관계 회복 중심의 따뜻한 학교는 단순한 프로그램의 나열로 만들어지지 않는다. 그것은 정책, 공간, 인력, 문화, 지역사회의 총체적 변화가 함께 이루어져야 하는 장기 프로젝트다.

가. 따뜻한 학교 실천 로드맵(1~5년)

학교가 관계 중심 문화를 구축하기 위해서는 단계별 구체적 목표가 필요하다. 단기간의 노력으로 완성될 수 없기 때문에, 최소 5년을 바라보는 체계적 로드맵이 중요하다.

○ 1년차: 기초 기반 조성

첫해는 변화의 토대를 다지는 단계다. 학급당 학생 수 감축을 위한 인력 확보와 교실 공간 점검이 이루어지며, 초1·2 중심의 공간 혁신 시범학교가 선정된다. 학교상담 조례가 기반을 마련하며, 상담교사 배치 기준 역시 개선된다. 이 시기의 핵심은 "시작할 준비를 갖추는 것"이다.

○ 2~3년차: 확장과 정착

중기 단계에서는 상담교사 확충, 상담체계 표준화, 회복적 생활교육

연수 확대, 숙려제의 전면 적용 등이 본격적으로 이루어진다. 교사들은 관계 중심 생활지도 기술을 학습하고, 학급 운영 방식도 점차 변화하게 된다. 학생들은 감정 교육과 회복적 대화를 자연스럽게 경험하며, 학교 문화 전체가 서서히 따뜻한 방향으로 이동하는 시기이다.

○ 4~5년차: 생태계 구축과 고도화

장기 단계에서는 대안교육지원센터의 체계가 강화되고, 학교 밖 청소년과의 지원 연결망이 촘촘하게 구축된다. 교실 공간 혁신은 전 학년으로 확장되며, 학교는 단순히 '수업하는 공간'이 아니라 정서·관계·성장의 생태계로 재탄생한다. 5년의 변화는 단기간에 큰 변화를 만드는 것이 아니라, 작은 변화들이 학교 곳곳에 축적되면서 질적 전환을 이루는 과정이다.

나. 교육공동체의 역할 – 함께 만들어야 지속된다.

관계 중심 학교는 교사 혼자 만들어내기 어렵다. 학생, 학부모, 지역사회가 함께할 때 비로소 완성된다. 교사는 학생의 감정과 행동을 이해하는 전문가로 성장하며, 학생은 공동체의 구성원으로 타인을 배려하는 법을 배운다. 학부모는 학교와 협력하여 가정에서의 정서 안정과 학교의 노력을 연결하고, 지역사회는 학생이 학교 밖에서도 안전하게 성장할 수 있는 장을 만들어준다. 이 네 축이 동시에 움직일 때 학교는 단순한 교육기관을 넘어 모든 구성원이 성장하는 회복 공동체가 된다.

다. 미래 학교의 핵심 – '관계가 학력을 만든다.'

미래 교육 담론에서 가장 강조되는 역량들은 모두 관계와 정서 기반 역량이다. 창의력, 문제해결, 협력, 비판적 사고, 감정 조절, 공감 능력 등은 정서 안정과 관계 안전망이 마련될 때 비로소 발휘된다. '관계가 학력을 만든다.'는 말은 단순한 구호가 아니다. 이는 학습과 정서가 분리될 수 없다는 과학적·경험적 사실에 기반한 미래 교육의 방향성이다. 작은 학급, 따뜻한 공간, 안정적 상담체계, 회복적 문화가 존재하는 학교에서는 학생들이 자신을 믿고, 타인을 존중하며, 새로운 도전을 망설이지 않는다. 이것이 미래 사회가 요구하는 인재의 모습이다. 그러므로 관계를 회복하는 학교는 단순히 '좋은 학교'가 아니라, 미래를 준비하는 학교다.

맺는말: 치유와 회복을 통해 성장의 문을 열다.

관계 중심 학교는 단순히 교육적 이상이나 정책적 구호가 아니다. 그것은 우리가 미래 사회의 시민들에게 어떤 삶의 태도를 가르칠 것인지에 대한 깊은 성찰이 담긴 실천적 제안이다. 학교는 아이들이 처음으로 만나는 공동체이며, 타인의 감정과 나의 감정이 부딪히는 최초의 사회적 현장이다. 그렇기에 학교는 자연스럽게 갈등이 발생하는 공간이며 동시에 그 갈등을 통해 성장할 수 있는 장소이기도 하다. 중요한 것은 갈등의 유무가 아니라, 그 갈등을 통해 어떤 배움을 얻고 어떻게 다시 연결되는가이다.

우리가 관계 중심 학교를 이야기할 때 핵심은 '따뜻함'이라는 감정적 요소에 머무르지 않는다. 그 따뜻함은 매우 구체적인 경험의 총합이다. 자신의 목소리를 안전하게 낼 수 있는 수업, 교사가 나를 진심으로 이해하려고 노력한다고 느끼는 순간, 실수했을 때 혼나는 것이 아니라 다시 해볼 수 있는 기회를 받는 경험, 친구와의 갈등 속에서도 나의 감정이 존중받는 순간들. 이러한 일상의 작은 경험들이 모여 아이들의 내면에 '학교는 나를 지지하는 곳'이라는 깊은 신뢰를 형성한다. 이 신뢰는 단순한 심리적 안정이 아니라, 학업·자기조절·사회성·진로 등 전 영역에서 강력한 기반이 된다. 정서적 안정과 사회적 지지는 학습 동기를 높이고, 학습 몰입을 강화하며, 실패 후 다시 일어서는 회복탄력성을 길러준다. 미래 사회가 요구하는 핵심 역량인 협력, 소통, 창의성, 문제 해결력 역시 안정된 관계 기반에서만 발휘될 수 있다. 결국 관계는 학력의 기반이며, 치유는 성장의 문을 여는 힘이다.

학교가 따뜻해진다는 것은 단지 분위기가 좋아진다는 의미가 아니다. 그것은 교사와 학생의 관계가 달라지고, 학급 운영 방식이 변화하며, 학교가 문제를 다루는 태도가 전환된다는 뜻이다. 교사는 학생의 행동 이면에 숨겨진 감정을 바라보는 시선을 갖게 되고, 학생은 자신의 감정을 안전하게 표현하는 법을 배운다. 학부모는 학교를 단지 성적이나 규칙을 관리하는 기관이 아니라, 자녀의 마음을 함께 돌보는 공동체로 인식하게 된다. 이렇게 학교라는 생태계 전체가 변할 때, 공동체 안에서 서로에 대한 신뢰가 자라나기 시작한다.

관계 회복은 느린 길처럼 보일지 모른다. 말 한마디 더 듣고, 감정을 한 번 더 확인하고, 아이가 준비될 때까지 기다려주는 과정은 때로는 비효율적으로 보인다. 하지만 빠른 해결만을 추구하는 방식은 종종 아이들의 마음에 더 깊은 상처를 남기곤 한다. 반면 관계 회복 중심의 접근은 시간이 다소 걸리더라도, 아이가 스스로 자신의 행동을 성찰하고 관계를 다시 회복할 수 있는 평생의 기술을 익히게 한다. 이 기술은 학교를 넘어 성인이 된 이후에도 삶의 위기 상황에서 자신을 지켜주는 중요한 자원이 된다.

또한 관계 중심 학교는 교사에게도 치유의 공간이 된다. 교사들은 갈등 조정이나 생활지도의 과중함, 감정 노동으로 인해 쉽게 소진되곤 한다. 그러나 회복적 문화가 정착된 학교에서는 교사 역시 혼자가 아니다. 교사는 학생과의 갈등을 두려워해야 하는 상대가 아니라, 함께 회복의 과정을 만드는 동반자로서 학생을 바라볼 수 있게 된다. 이는 교사의 전문성과 자존감을 지키는 중요한 힘이 된다.

더 나아가 관계 중심 학교는 지역사회와도 연결된다. 지역의 대안 교육기관, 청소년센터, 상담기관, 문화공간들이 학교와 자연스럽게 협력하며 '하나의 성장 생태계'를 형성할 때, 아이들은 학교 안팎 어디서든 지지받고 있음을 느낀다. 아이를 혼자 떠밀지 않는 지역 생태계는 그 자체로 강력한 보호막이며, 이는 지역 공동체의 지속 가능성과도 연결된다.

우리가 꿈꾸는 미래의 학교는 지식 전달에만 머무르는 학교가 아니다. 그것은 아이들의 마음을 이해하고, 서로의 다름을 인정하며, 실패와 갈등을 통해 배움의 가치를 발견하게 하는 학교다. 이러한 학교는 학생을 단순한 학습 주체가 아니라 삶의 주체로 성장시킨다. 아이들은 자신이 존중받는 경험을 통해 타인을 존중하는 법을 배우고, 관계 속에서 힘을 얻으며, 자신감을 회복한다. 이것이야말로 미래 사회가 필요로 하는 시민의 모습이다.

이 책이 제안한 관계 중심 학교의 비전과 실천들은 완결된 모델이 아니다. 그것은 각 지역·각 학교·각 교실의 특성과 현실에 맞게 지속적으로 새롭게 만들어가야 할 '과정'이다. 그러나 분명한 것은, 아이들이 행복하고 교사가 지치지 않으며 부모가 신뢰하는 학교는 어느 날 갑자기 만들어지지 않는다는 것이다. 그것은 수많은 작은 실천과 변화들이 켜켜이 쌓여 만들어 낸다. 그리고 그 첫걸음은 관계의 가치를 다시 바라보는 것, 바로 그 지점에서부터 시작된다.

관계 회복은 결코 느린 길이 아니다. 그것은 가장 오래 남는 변화를 만드는 길이며, 아이들의 마음과 공동체의 미래를 바꾸는 길이다. 학교가 따뜻해질 때, 아이들은 변하고, 교사는 변하며, 공동체 전체가 변한다. 우리는 그 변화를 이미 곳곳에서 목격하고 있다. 이제 더 넓게, 더 깊게, 더 지속적으로 이어나갈 차례이다.

VIII

모두를 위한
교육복지

- 모든 아이가 위치와 환경을 이유로 차별받지 않는 교육
- 학부모의 경제적 부담이 줄어드는 교육
- 학생의 정서·학습·안전이 체계적으로 관리되는 교육
- 지역사회가 학교와 함께 아이들을 키우는 교육
- 다양성을 미래 경쟁력으로 전환하는 교육

1. 전북에서 교육복지를 다시 설계해야 하는 이유

교육은 언제나 지역의 미래와 직결된 문제이다. 전북은 광범위한 농산어촌과 상대적으로 적은 학생 수, 그리고 빠른 학령인구 감소라는 구조적 특성을 지니고 있다. 이러한 조건 속에서 전북의 학생들이 경험하는 교육 환경은 도시 중심의 표준 정책과 자연스럽게 다른 흐름을 보여 왔다. 전라북도교육청은 지난 십여 년 동안 교육복지우선지원사업, 전북형 에듀페이, 작은학교 지원 정책, 다문화학생 지원 체계 등 다양한 정책을 꾸준히 확대해 왔다. 그러나 이러한 노력에도 불구하고 학교 현장의 목소리는 하나로 모아진다. "지원은 늘어나지만, 지역과 학교 상황에 따른 교육기회 격차는 여전히 존재한다"는 것이다.

최근 언론 보도는 이러한 문제를 더욱 선명하게 드러낸다. 학령인구 감소로 인해 농산어촌의 작은학교가 통폐합 압박을 받는 상황, 지역 간 돌봄 접근성 격차가 심화되었다는 지적, 사교육비가 사상 최고치를 찍으며 부모들의 부담이 커졌다는 통계, 학생들의 우울·불안이 증가하고 학교폭력이 저연령화된 현실, 다문화·이주배경 학생의 언어 및 학습 지원이 부족하다는 현장 문제들이 연이어 제기되었다.

이러한 현실은 전북의 교육복지가 단순히 "더 많은 지원"을 제공하는 문제가 아님을 분명히 보여준다. 이미 존재하는 제도가 어떤 지점에서는 작동하고, 또 어떤 지점에서는 작동하지 않는지를 사실에 기반해 진단해야 한다는 뜻이다. 전북은 교육복지의 재설계를 통해 보다 구조적이고 일관된 방향성을 다시 잡아야 한다.

2. 교육복지의 새 지평: 기존 정책의 한계를 넘어 학생 한 명을 보는 체계

가. 교육복지 지원 확대
- 기존 사업은 있었으나 '개별성'이 약했다

전북교육청은 오래전부터 교육복지우선지원사업을 중심으로 취약계층 학생을 지원해 왔다. 이 사업은 많은 긍정적 성과를 냈지만, 몇 가지 구조적 한계도 분명했다. 사업이 '학교 단위의 프로그램 운영' 중심으로 구성되어 있었기 때문에 학교별로 제공되는 지원의 폭과 질에 상당한 차이가 발생했다. 어떤 학교는 교육복지사가 활발하게 활동하며 정서·학습을 고르게 지원했지만, 또 어떤 학교는 교육복지사 1명이 수백 명의 학생을 담당하며 과중한 업무를 떠안기도 했다. 지원의 편차는 심화되었고, 사업이 의도했던 "취약학생 집중 지원"이라는 목적은 일부 지역에서 충분히 실현되지 못했다.

더 큰 문제는 학생의 개별적 상황을 종합적으로 이해하기 어려운 구조였다. 기초학력 자료는 기초학력지원부서가 따로 관리했고, 정서·심리 관련 정보는 Wee 클래스로, 복지 관련 정보는 교육복지 담당에게 흩어져 있었다. 학교 현장에서는 더 이상 "프로그램 중심"의 지원 방식으로는 사각지대를 해소할 수 없다고 판단하게 되었다. 언론에서도 "지역에 따라 달라지는 교육복지 체감도", "지원 대상은 늘어나지만 인력 부족으로 한계" 같은 문제를 반복적으로 지적해 왔다.

이제 전북의 교육복지는 이 한계를 넘어야 한다. 전북은 사업 중심에서 학생 중심, 즉 '**한 명의 학생을 종합적으로 지원하는 구조**'로 나아가야 한다. 이는 단순히 행정 체계를 고치는 것이 아니라, 학생을 바라보는 관점 자체를 전환하는 일이다.

나. 학생맞춤통합지원 시스템
– 전북에도 흩어져 있던 정보를 하나로

전북의 기존 교육지원 구조에서는 학생을 지원하는 주요 정보가 여러 시스템에 분산되어 있었다. 기초학력 진단 결과는 학력 부서가, 정서·행동 특성검사 결과는 별도의 시스템이, 상담 내용은 Wee 클래스 시스템이, 복지 기록은 교육복지사 기록지로 각각 따로 존재했다. 교사가 학생의 위기 신호를 파악하려면 여러 시스템을 옮겨 다니며 기록을 일일이 확인해야 했다. 그러다 보니 현장에서는 "사건이 터지고 나서야 전조가 있었다는 사실을 뒤늦게 확인하는 경우"가 빈번했다.

최근 언론은 학생들의 정서·정신건강 문제 증가, 학교폭력의 저연령화, 초등 저학년 부적응 증가 등을 강조하며 통합적 관점의 필요성을 제기했다. 전북에서 이러한 문제는 결코 예외가 아니다. 오히려 농산어촌 특성상 학교 밖 전문기관 접근성이 낮아 조기개입의 어려움이 더 크게 나타나고 있다.

학생맞춤통합지원 시스템은 이러한 문제를 해결하기 위한 핵심 장치다. 이 시스템은 학생의 출결 변화, 학력 변화, 정서 상태, 상담 기록, 복지 장치 이용 기록 등을 모두 하나의 화면에서 확인할 수 있도록 한다. 이를 기반으로 교사·상담사·교육복지사·지원청·지자체가 함께 학생을 지원하는 구조가 마련된다.

서울과 경기도가 구축한 모델을 참고하되, 전북은 도 전체 학교가 표준화된 체계 안에서 작동하도록 설계했다는 점에서 큰 진전이다. 이 시스템이 구축되면 단순한 행정 효율을 넘어서 학생의 위험 신호를 조기에 발견하고 대응할 수 있는 예방 중심의 교육복지가 가능해진다.

3. 학교와 지역사회가 함께 만드는 교육복지

　전북의 교육은 학교만으로 완결될 수 없다. 특히 농산어촌의 비중이 높은 전북에서는 학교가 지역사회의 기능을 상당 부분 대신해 왔다. 방과후 돌봄, 지역아동센터 연계, 마을학교 운영, Wee센터와의 협력 등 다양한 시도가 이루어졌지만, 전체적으로 보면 사업마다 달리 작동하고 연계되지 않는 구조적 한계가 존재했다. 그 결과, 학생과 학부모가 실제로 체감하는 교육복지의 질과 양은 지역에 따라 크게 달랐다.

　언론에서는 매년 "방학 돌봄 공백", "지역마다 돌봄 격차", "농산어촌 청소년의 문화·진로 체험 부족" 같은 문제가 제기되었다. 전북은 특히 지리적 특성 때문에 이러한 문제가 더 빈번하게 나타났고, 기관 간 협업이 일회성에 그치는 경우도 많았다. 교육청과 지자체가 각자 정책을 운영하면서 서로의 정보를 공유하지 못하는 현상도 이어졌다.

　전북이 제안하는 새로운 구조는 이러한 단절을 해소하기 위한 군 단위 교육복지 거점센터 구축이다. 이 거점센터는 다음과 같은 역할을 수행한다. 학교의 교육복지 업무를 전문적으로 지원, 지역아동센터·청소년센터·복지기관을 연계해 통합 서비스 제공, 긴급 가정위기 대응 및 사례관리, 방과후·방학 돌봄 지원 조정, 다문화·중도입국 학생 지원의 지역별 조정역할, Wee센터와의 연계로 정서·행동 지원 강화

즉, 학교 내부의 역량만으로 해결하기 어려웠던 지원 공백을 지역 단위에서 조정하고 완충해주는 허브 기능을 갖는 것이다.

이는 서울의 교육복지종합지원센터가 가진 전문성과, 전남의 작은 학교 네트워크 중심 지역지원 모델의 장점을 결합한 형태라 할 수 있다. 전북은 이 두 가지 모델을 지역 실정에 맞게 조정하여, **"학교-지역사회-지자체가 하나의 팀으로 움직이는 전북형 통합 교육복지 모델"**을 만들어야 한다.

이 체계가 구축되면 학생과 학부모는 지역에 따른 차별을 덜 걱정하게 되고, 학교는 더 이상 모든 문제를 혼자 떠안지 않아도 된다. 무엇보다도, 학생의 하루를 둘러싼 여러 기관이 서로 단절되지 않고 하나의 연결된 지원망을 형성하게 된다.

4. 교육비 부담 완화 - 전북형 교육기본권 선언

전북은 이미 전북에듀페이를 통해 교육비 부담 완화 정책을 선도해 왔다. 교복비, 학용품비, 진로체험비 등을 지원하면서 학부모의 체감도도 높았다. 그러나 여전히 많은 부모가 "실제 부담은 여전히 크다"고 말한다.

전국적으로도 사교육비 증가, 체험학습비 부담, 지역 격차 문제가 심각해지고 있다는 보도가 이어지고 있다. 교육부의 사교육비 조사에서도 농어촌 학생들이 사교육에 접근하기 어려운 대신, 기본 교육비의 부담은 더 크다는 점이 반복적으로 확인되었다.

이번에 제안하는 **어린이·청소년 교육비 지원 패키지는 기존의 부분적 지원을 넘어서는 포괄적 교육비 절감 체계이다.** 이 패키지는 다음을 포함한다. ① 통학비 전액 지원, ② 현장체험학습비 및 수학여행비 전면 무상화, ③ 참고서·필수 교재 구입비 지원, ④ 수능 응시료 및 준비 비용 지원, ⑤ 지역 대학 등록금 단계적 무상화 모델 구축

이 정책은 "어떤 집에서 태어났는가"가 학생의 교육 기회를 결정하는 일이 사라져야 한다는 원칙을 바탕에 둔다. 특히 농산어촌 비율이

높은 우리 지역에서는 통학비와 체험학습비 지원만으로도 가계 부담이 크게 줄고, 학생들의 교육 참여도 향상될 수 있다.

이제 전북은 어린이 · 청소년 교육비 지원을 단순한 복지정책이 아니라, **"전북 학생 모두의 교육기본권을 국가·지역사회가 함께 보장한다는 선언"**으로 재정립하려 한다.

5. 유아교육·돌봄 공공성 강화

전북의 유아교육과 돌봄 구조는 그동안 농산어촌 분산 구조라는 제약을 안고 있었다. 인구가 적은 지역에서는 유치원과 어린이집이 흩어져 운영되며, 통학 접근성 문제도 자주 발생했다. 또한 사립유치원 의존도가 높아 지역마다 서비스 수준과 비용 부담이 크게 달랐다. 돌봄 역시 학교별 여건에 따라 운영 시간, 프로그램 질, 교사 배치 등이 달라 학부모의 불만이 이어졌다.

특히 맞벌이 가정과 한부모 가정에서는 돌봄 공백 문제가 매우 심각하게 나타났다. 방학 돌봄 미운영, 신청 인원 초과, 돌봄교실 교사 부족 등은 언론에서도 꾸준히 지적된 문제였다. 전북은 이 문제를 해결하기 위해 돌봄을 개별 학교의 역량에 맡기는 구조에서 벗어나, **'늘봄-돌봄 100% 책임운영제'**라는 새로운 돌봄 모델을 제시한다. 이 모델은 다음을 중심으로 구축된다. ① 학교·지자체·지역기관이 함께 운영하는 통합 돌봄 체계, ② 수요가 있으면 어떤 학교에서도 돌봄이 제공되는 100% 보장제, ③ 방과후 · 저녁 · 방학까지 끊김 없는 돌봄 운영, ④ 농산어촌 중심 통합유아학교 전북형 모델 도입, ⑤ 유아교육 무상화를 통한 지역·가정 간 격차 해소

서울의 유보통합 논의, 경기도의 늘봄학교 확대 정책이 도시 중심

모델이라면, 전북의 방식은 농산어촌 현실에 최적화된 공공성 강화 모델이라는 차별성이 있다. 이를 통해 전북은 단순히 돌봄을 '확대'하는 것이 아니라, 돌봄을 전북교육의 공적 책임으로 명확히 위치시키고자 한다.

6. 세계시민교육 – 다양성이 전북의 경쟁력이 되는 교육

　전북의 교실은 더 이상 단일한 배경의 학생들로만 구성되지 않는다. 군산, 익산, 김제, 완주 등 전북 곳곳에서 다문화·이주배경 학생의 비율이 빠르게 증가하고 있으며, 이는 지역 인구구조 변화와도 밀접하게 연관되어 있다. 그러나 현실은 변화 속도를 교육체계가 따라가지 못하는 상황이다. 전북은 그동안 한국어학급 운영, 다문화예비학교 지원, 다문화교육 자료 보급 등 여러 노력을 해왔지만, 학교별·지역별로 큰 편차가 있었고 전문 지원 인력이 부족한 것이 문제로 지적되어 왔다.

　언론 보도에서도 이러한 현실은 반복적으로 다뤄졌다. "언어 격차가 학습 격차로 이어진다", "중도입국 학생의 학교 적응 난항", "다문화 학생 지원 인력 부족" 등의 지적은 단순한 이슈 제기가 아니라 학교 현장의 절박함을 반영한다. 특히 농산어촌 지역에서는 전문기관 접근성이 매우 낮아, 지원이 필요한 학생일수록 제대로 된 도움을 받지 못하는 이중적 문제가 나타났다.

　세계시민교육은 이러한 문제를 단순히 '해결해야 할 지원업무'의

차원에서 바라보지 않는다. 다문화·이주배경 학생을 특별한 대상이 아니라 전북의 미래를 함께 만들어갈 시민으로 바라봐야 한다. 따라서 세계시민교육은 특정 학생을 위한 프로그램이 아니라, 전북 학생 모두에게 필요한 중요한 미래역량을 기르는 교육이다.

이를 위해 다음과 같은 통합적 체계를 제시한다. ① 권역별로 설치되어 한국어 교육, 정서 지원, 학습 보충, 가정 연계 서비스를 제공하는 다꿈지원센터, ② 중도입국 학생이 일반학급으로 바로 진입해 어려움을 겪지 않도록 학습 전환 단계를 지원하는 다꿈학교, ③ 권역별 한국어학급 강화, ④ 멘토링 및 다문화 이해 교육 강화, ⑤ 세계시민 프로젝트 수업 운영

이러한 체계는 지금까지 분산적으로 운영되었던 지원 구조를 통합하고, 이주배경 학생이 안정적으로 적응하도록 돕는 동시에, 전북 학생 전체에게 세계와 연결되는 감각을 키우는 효과를 가져올 것이다. 이 모델이 자리 잡으면, 학생들은 서로의 문화를 이해하고 존중하는 법을 배우며, 전북은 다양성을 갈등이 아닌 경쟁력으로 전환하는 미래 교육의 기반을 갖추게 될 것이다.

7. 어린이·청소년 교육비 지원과 연계된 학교 협동조합과 생활 밀착형 경제교육

어린이·청소년 교육비 지원 정책을 제시하면서 단순한 수당 지급으로 끝나지 않는 교육의 실제성과 연결된 방안을 고민해본다. 어린이·청소년 교육비 지원과 관련하여 학생들이 문화, 체육, 여가 생활을 위해 사용할 수도 있지만 진로나 직업을 준비하기 위한 목적으로도 사용할 수 있을 것이다. 그래서 **학교 교육에서 꼭 필요한 경제교육, 지금의 경제교육 방식이 아닌 필수적이며 실제적인 생활 밀착형 경제교육과 연계**해보는 것이 좋을 것 같다.

지금 우리나라는 가계부채 비율이 높아가고, 사회 양극화가 심각한 수준이다. 그런데, 돌이켜보면 우리는 제대로 된 먹고 사는 문제, 즉 돈을 벌고 저축하고 어떻게 사용해야 하는지를 제대로 교육 받아 본 기억이 나질 않는다. 가장 중요한 교육인 것 같은데 대부분 사회에서 간혹 빚도 지고, 큰 손실도 겪어 가며 경제를 이해가게 된다.

우리나라 교육과정에서도 경제교육이 있지만 선택과목이기 때문에 학교 현장에서 경제교육의 실제성을 갖추지 못하고 있다. 외국은 어떨까? 독일의 커뮤니티스쿨(Gemeinschaftsschule Neumünster

Brachenfeld)에서는 고등학교내 '학생회사(Schulfirma)'를 설립하여 직접 돈을 벌어보기도 하고 돈의 흐름을 이해할 수 있도록 하여 '생활 밀착형 경제교육'을 진행하고 있다. 또, 대부분의 선진국에서는 학교 협동조합 등과 같은 다양한 실제적 경제교육을 진행하고 있는데 반해 우리의 경제교육은 교실과 분리되어 있는 것이 사실이다. 미국과 영국, 캐나다는 경제금융교육을 의무화하고 있으며, 미국의 여러 주에서는 고교 졸업 조건을 금융교육 과목 수강을 의무화 하고 있다. 또 네덜란드의 경우에는 5000여 명의 전문 강사가 전국의 초등학교에서 경제(금융)교육을 진행하고 있다. 그뿐 아니라 매년 10월을 '연금주간'을 정해 노동자들의 노후 설계를 상담해주고 있다. 그밖의 여러나라에서 경제(금융)교육 제도를 통해 취업, 실업, 노후 등 생애 주기에 따른 금융교육을 실시하고 있다.

경제금융교육이라는 것은 부를 축적하기 위한 수단을 교육하려는 것이 아닌가 하는 오해를 할 수 있으나 실제 경제금융교육은 삶을 포괄하는 교육이다. 경제교육의 성패는 '접근성'과 '실제성'에 좌우한다. 다시말해서 '생활 밀착형 경제교육 의무화'가 되어야 한다. 모든 학교에서 의무적으로 실시되는 실제적 경제교육은 여러가지 다양한 교육, 사회적 효과를 가져올 수 있다.

첫째, 실제적 경제교육은 먹고 사는 문제에 직접적인 영향을 미치며, 경제교육으로 개인 손실 비용도 줄일 수 있어서 소득 불평등 격차를 낮춰 갈 것이다.

둘째, 학생 때부터 경제적 흐름을 이해하여 경제 역량을 키운다면 지역의 다양한 일자리 만들기에 도전하게 되고, 지역 소멸을 막는 데 도움이 될 수 있습니다.

셋째, 경제교육은 다양한 교육 활동과 연결이 된다. 학교협동조합(사회적경제)을 통해 환경교육(친환경제품 만들기)과 연결할 수 있으며 공정무역, 기부활동, 노동과 인권은 물론 진로·진학교육, 지속가능발전목표, 세계시민교육(또는 민주시민교육)과 연결할 수 있다.

실제로 우리나라에서도 실제적인 경제교육을 열정적으로 진행하고 있는 선생님들이 이끌고 있는 '금교잇(금융교육으로 교실을 잇다)'의 경제교육 사례는 통합적 교육으로 확대 시행하고 있다. 앞으로의 교육은 개인의 삶과 직접적으로 연결되는 삶을 위한 교육, 실용적인 교육이어야 하며 먹고 사는 문제와 연관된 교육이어야 한다. 이제 우리 아이들에게 삶과 연관된 '생활 밀착형 경제교육 의무화'로 교육 대전환을 해야 하며, 어린이·청소년 교육비 지원과 연계하여 학교 내 협동조합이나 학교기업을 만들어보고 실제적 경제교육도 이뤄질 수 있도록 해야 한다. 이러한 생활 밀착형 경제교육은 교육의 새로운 패러다임을 제시할 아주 강력한 교육이 될 것이다.

8. 전북형 교육복지의 철학
– 권리, 공동책임, 예방 중심

전북형 교육복지는 세 가지 중심 철학을 바탕으로 한다. 첫째, **교육은 모든 아이의 기본권이라는 관점이다.** 지역, 경제적 배경, 가정환경, 문화적 배경이 아이가 누릴 수 있는 교육의 질을 결정해서는 안 된다. 전북은 이러한 불평등 구조를 해소하기 위해 교육복지를 보편적 기반으로 두고, 그 위에서 개별적 지원을 더하는 체계를 설계했다.

둘째, 학교와 지역사회, 그리고 지자체가 함께 책임지는 교육복지이다. 그동안 학교는 학습, 정서, 돌봄, 복지, 상담, 안전 등 너무 많은 역할을 떠안아 왔다. 그러나 아이의 하루는 학교에만 있는 것이 아니라, 가정과 마을, 지역사회에서 이루어진다. 따라서 학교가 모든 것을 책임지는 방식은 더 이상 지속될 수 없다. 전북의 교육복지는 기관 간 협력을 일회성 프로젝트가 아니라 상시 운영되는 체계로 만드는 데 중점을 둔다.

셋째, 예방 중심의 교육복지이다. 그동안 많은 교육지원은 문제 발생 후 개입하는 방식이었다. 학습 부진이 심화된 후에야 보정수업이 이루어지고, 정서 위기가 심각해져야 상담이 연결되며, 학교폭력 사건이 터진 뒤에서야 관련 기관이 움직이곤 했다. 그러나 대부분의 문제는 사전에 신호가 존재한다. 학생맞춤통합지원 시스템은 이러한 신호를 조기에 발견하고 선제적으로 대응하는 장치다.

이 세 가지 철학은 전북형 교육복지가 단순한 정책이 아니라, 전북 교육 전체의 초석이 되는 프레임임을 의미한다. 이는 지역의 미래를 위해 반드시 필요한 가치이기도 하다.

9. 맺음말 – 전북의 미래는 교육복지에서 시작된다

전북이 추진하는 교육복지는 단순한 사업의 나열이 아니다. 이 정책은 아이들의 하루를 바꾸고, 학부모의 부담을 덜고, 지역의 지속가능성을 높이는 전북의 미래 전략이다. 전북의 교육복지는 다음과 같은 비전을 가지고 있다.

모든 아이가 위치와 환경을 이유로 차별받지 않는 교육

학부모의 경제적 부담이 줄어드는 교육

학생의 정서·학습·안전이 체계적으로 관리되는 교육

지역사회가 학교와 함께 아이들을 키우는 교육

다양성을 미래 경쟁력으로 전환하는 교육

이 비전은 결코 먼 이야기가 아니다. 전북이 새로운 교육복지를 선택하고 실행한다면, 아이들은 더 안전하고 평등한 환경에서 배움을 누릴 수 있으며, 부모는 마음 편히 아이를 학교에 보낼 수 있을 것이다. 학교는 아이의 성장에 더 집중할 수 있고, 지역사회는 청소년이 떠나지 않는 지속가능한 구조를 갖출 수 있다.

IX

지역을
살리는 교육

- 인구 도시집중 완화가 출생률을 높인다.
- 지역소멸, 학교소멸에 온 힘을 다해 대응하는 협치행정
- 민·관·학이 지역과 한 아이를 돌본다.
- 교육과 삶이 연결되는 지역교육공동체

들어가며 : 사라지는 학교, 위기의 지역

미래교육을 고민하는 사람들이 특히 농어촌에 기반을 두고 있는 사람들이 가장 먼저 고민해야 할 것이 있다. 바로 학교 소멸과 지역의 붕괴가 그것이다. 극지방의 빙하가 녹아내리고 이상기후가 발생하는 현상을 통해 기후위기를 체감하게 되는 것처럼 최근의 대학입시에서 지역의 주요대학 정원 미달 현상은 지역 인구감소와 지역교육의 위기가 얼마나 심각한 상황까지 왔는지 체감하게 만들었다. 우리의 삶과 생존에 밀접한 영향을 미치는 기후위기를 더 이상 방치할 수 없듯이 지역교육의 위기도 특단의 대책을 내놓지 않으면 지역교육뿐만 아니라 지역의 발전과 생존에도 커다란 위험으로 다가올 것이다. 지역교육의 위기에 대응하고 지역을 살릴 미래교육정책을 마련할 필요가 있다.

지역 간 차별과 갈등 및 격차가 커져가고 있는 문제는 어제, 오늘의 일이 아니다. 능력주의(meritocracy)와 수도권 집중현상으로 **지역 간 교육격차와 지역 불균형 발전의 심화는 국가 재난수준이다.** 무엇보다도 지역의 인구유출 및 인구감소에 대한 대책이 필요하다. 2005년 저출산·고령화 기본법 제정 이후 정부와 지자체는 저출생 대책에 현재까지 380조원을 쏟아부었지만 지역소멸[36]위기는 더욱 심각해지고 있다. 더불어 지역의 입장에서는 저출산 문제에 대한 대책과 더불어 인구 유출 문제 또한 심각한 상황이다.

젊은이들이 살고 싶은 지역을 만들기 위해서는 일자리와 더불어 자녀를 안심하고 키울 수 있는 지역교육에 대한 정책들도 쏟아져 나와야 한다. 지역의 교육력 확보를 바탕으로 지역의 인구를 늘리고 지속가능성을 확보할 수 있다는 인식의 전환이 필요하다. '다니고 싶은 학교'가 있어야 '살고 싶은 마을'이 된다. **지역교육을 살릴 특단의 대책 없이는 지역을 살릴 수 없다.**

국가교육회의는 "4차 산업혁명, 경제적 양극화와 인구절벽으로 인한 지속가능성의 위기, 참여 민주주의 심화 확대와 디지털 민주주의라는 시대 사회적 배경에 대응하기 위해 공감과 연대의 미래교육체제로의 전환이 필요하다."고 보고있다. 살아가는 능력 중심의 역량, 삶의 과정에 스며드는 생태계형 교육시스템을 지향하는 공감과 연대의 미래교육체제를 위해서는 교육자치와 일반자치의 결합력을 강화하는 교육거버넌스의 개혁이 필요하다.

---

36) 흔히 통용되는 '지방소멸'이라는 단어는 불평등한 용어이다. 지방소멸은 서울을 중심에 놓고 그 외의 지역은 지방으로 간편하게 분류해버리는 방식으로 차별을 공고화시키는 위험성을 가진 단어다. 단어나 상징은 대개 가치지향적이다. 균형발전을 말하면서 서울과 지방으로 분류하는 것은 문제인식의 출발에서부터 오류를 만드는 것이다. 따라서 '지역소멸'이라는 단어가 훨씬 더 균형발전의 가치지향에 부합한다.

이를 해결하기 위해서는 중앙정부 부처 간 융복합적 행정 접근 못지않게 지자체의 역할이 대단히 중요하다. 막대한 예산과 권한이 아무래도 교육청보다는 일반행정을 담당하는 지자체에 집중되어 있는 것이 현실이고, 지자체가 일부경비를 지원하고는 있지만 여전히 교육 문제는 교육청에서 알아서 해야 한다는 인식이 강하다. 지역교육 문제 해결은 교육청만의 문제가 아니라 지역소멸의 문제 해결과도 직접적으로 연결되어 있음에도 불구하고 지자체의 미온적인 대응은 아쉽기만 하다.

코로나 19 위기상황을 지나오며 학교방역, 긴급돌봄, 원격수업 지원 등 학교와 마을, 교육청과 지자체간의 협력은 더욱 중요해지고 있다. 그러나 각 시도자치단체에서 추진하고 있는 정책을 살펴보면 지역교육청과의 협업시스템 구축을 위한 노력은 찾아보기 어렵다. 일반행정과 교육행정의 칸막이가 존재하는 현실이 있지만 지역소멸의 문제는 생존의 문제이기에 긴밀한 협업시스템 구축이 반드시 필요하다. 지자체와 교육청이 지역소멸/학교소멸 문제 해결에 협력적 소통체계를 구축하고 적극적으로 힘을 모아야 한다. 지역의 교육이 지역의 인재를 길러내 지역에서 일을 하면서 꿈을 펼칠 수 있는 토대를 열지 못한다면 지역소멸을 막을 방법은 없다. 일반행정과 교육행정으로 분리되어 있는 구조를 뛰어넘어 지역소멸 문제를 앞두고는 과감하고 적극적으로 협력해야 한다. 광역은 물론 기초지자체까지 협력이 일상화되고 제도화되어야 한다.

우리의 미래교육은 적자생존이 아니라 함께 사는 지역교육이 되어야 하고, 교육계 내부뿐 아니라 지역공동체의 역할을 고민하는 사람들의 협력적 사고와 실천 활동이 매우 필요하다.

1. 지역과 학교소멸의 현실

    지속적인 학생수 감소로 인한 농어촌 교육의 위기는 오래된 교육문제이다. 농어촌 작은 학교의 폐교는 마을의 교육 여건 악화로 인해 젊은 층의 이탈, 마을의 고령화로 이어진다. 각 시도교육청들은 이러한 공동체가 붕괴되는 악순환을 예방하기 위하여 농어촌 소규모 학교가 가진 교육적 장점을 반영한 특색있는 교육과정과 다양한 프로그램 운영을 통해 작은학교 살리기 정책을 지속적으로 추진해 왔다. 작은 학교 간 공동교육과정을 운영하거나, 도시지역의 대규모 학교와 인근 소규모 학교를 공동통학구로 묶어 운영하는 어울림학교 정책, 폐교 위기의 농어촌 소규모 학교를 중심으로 시작된 자발적인 혁신학교 운동, 마을교육공동체 활성화를 위한 혁신교육지구 등이 지속되고 있다. 지역성과 공동체성 회복에 중점을 두고 농어촌 지역의 인구감소로 인한 학교의 위기를 극복하고자 하는 것이다. 이러한 노력에도 불구하고 대한민국의 미래는 풍전등화(風前燈火)의 위기상황이다.

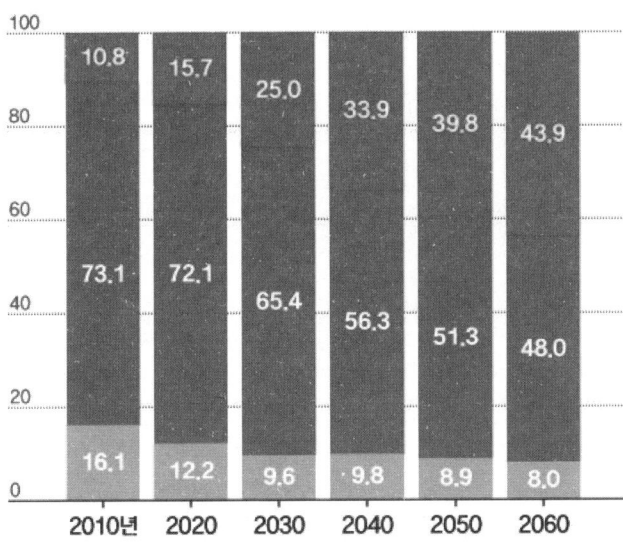

연령별 한국 인구 구조 변화

단위: % ● 0~14세 ● 15~64세 ● 65세 이상

	2010년	2020	2030	2040	2050	2060
65세 이상	10.8	15.7	25.0	33.9	39.8	43.9
15~64세	73.1	72.1	65.4	56.3	51.3	48.0
0~14세	16.1	12.2	9.6	9.8	8.9	8.0

자료: OECD

경제협력개발기구(OECD)가 발표한 "한국의 인구구조 변화와 지역 발전 정책의 방향"이라는 보고서에 따르면 2021년 기준으로 한국 인구의 76%가 대도시에 살고 있으며 이는 OECD평균 55%를 크게 웃돈다. OECD는 "한국은 짧은 시간 안에 고도성장을 달성했으나 대도시와 중소도시 간, 중소도시와 비도시 간 지역적 격차는 여전하다"며 "이런 대도시 과밀 현상이 고령화와 맞물려 심각한 부작용을 가져올 수 있다"고 평가하고 있다.

자연스레 비도시지역은 인구 소멸을 걱정해야 할 처지에 이르고 있으며 실제로 지역의 작은 읍면지역을 가보면 학생이나 청년층은 보기 힘들고 65세 이상의 고령층이 주거자의 대부분을 차지하고 있음을 어렵지 않게 볼 수 있다. 인구의 도시집중은 그 원인이야 여러 가지가 있겠지만 드러나는 현상으로 보면 상황이 얼마나 심각한지 알 수 있다.

통계청이 발표한 청년층의 인구 이동 상황을 살펴보면 수도권을 제외한 지역 모두에서 인구가 대도시로 이동하고 있음을 알 수 있다. 또한 지역 내에서도 읍면 지역의 인구가 근처의 중소도시로 이동하는 소집중화 현상도 뚜렷이 나타나고 있다. 이는 인구감소와 맞물려 지역소멸이 가속화될 심각한 상황임을 보여주는 것이다.

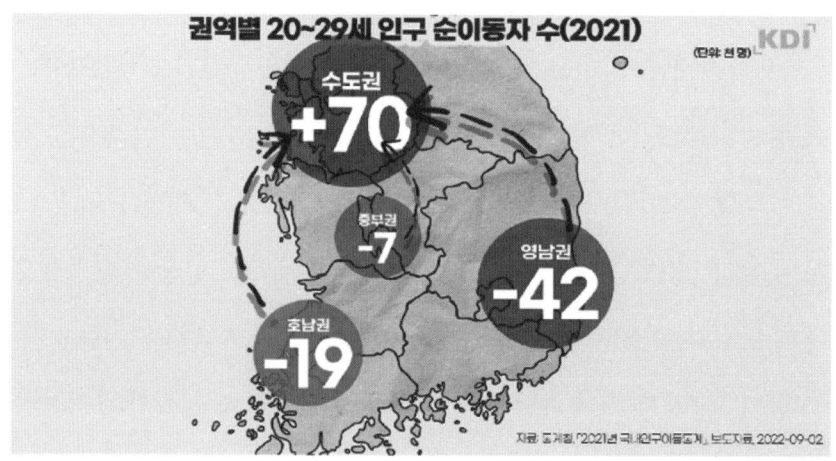

젊은이에게 매력적인 도시를 육성하려는 일본, 대기업도 필요하지

만 지역의 중소기업 육성 및 지원에 중점을 두고 있는 독일, 소규모 협동조합 확장으로 지역의 일자리 창출과 생산 기반을 되살린 이탈리아 등의 사례를 참고하면서 경제·사회적으로 쇠퇴를 넘어 소멸하고 있는 현재의 지역이 최소한의 효율적 규모를 달성할 수 있도록 중앙정부와 지자체가 노력해야 할 것이다.

하지만 인구이동에 따른 지역인구 감소 문제보다 더 심각한 것이 있다. 대한민국이 인구절벽 상황이라는 것이다.

통계청이 발표한 2023년도 출생·사망 통계 발표에 따르면 OECD 회원국 중 1명 미만인 국가로 대한민국이 유일하며 앞으로 더 내려갈 수 있음을 경고하고 있다.

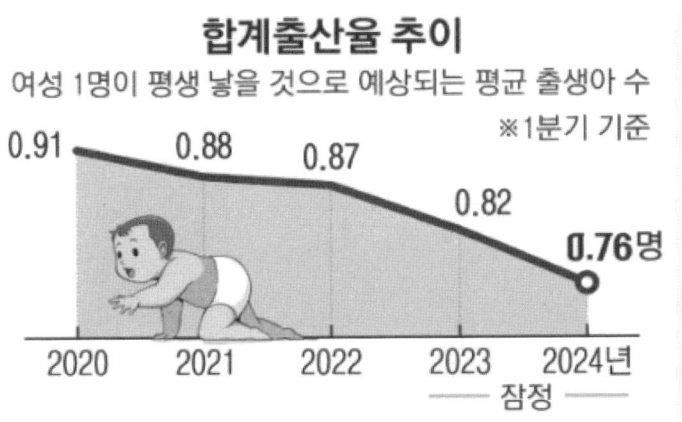

합계출산율 추이
여성 1명이 평생 낳을 것으로 예상되는 평균 출생아 수
※1분기 기준

0.91 0.88 0.87 0.82 0.76명

2020 2021 2022 2023 2024년
— 잠정 —

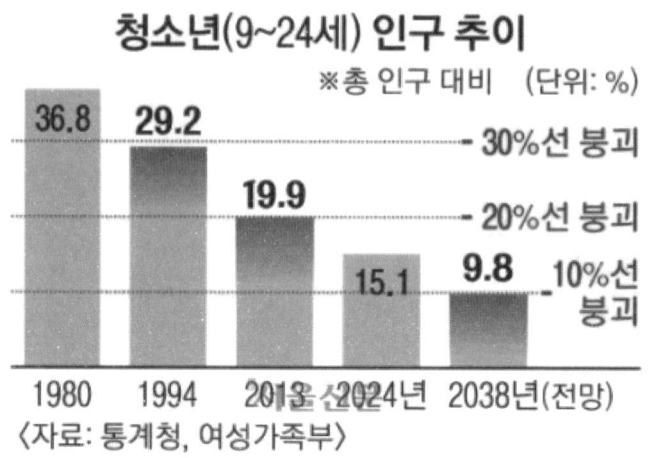

청소년(9~24세) 인구 추이

※총 인구 대비 (단위: %)

- 30%선 붕괴
- 20%선 붕괴
- 10%선 붕괴

| 1980 | 1994 | 2013 | 2024년 | 2038년(전망) |
| 36.8 | 29.2 | 19.9 | 15.1 | 9.8 |

〈자료: 통계청, 여성가족부〉

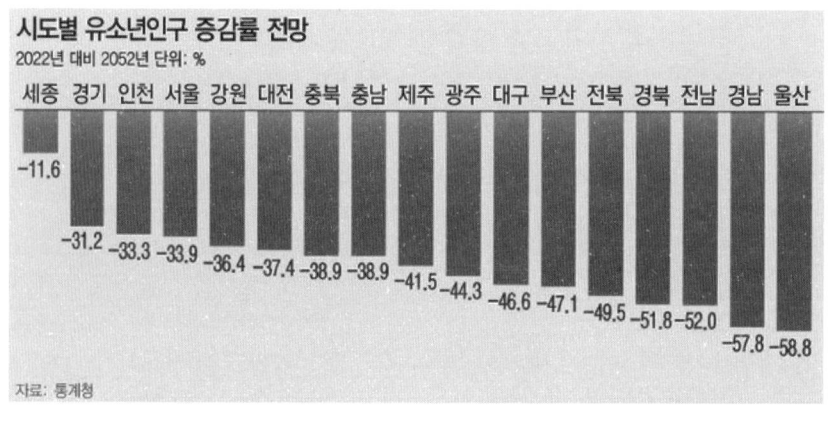

시도별 유소년인구 증감률 전망

2022년 대비 2052년 단위: %

| 세종 | 경기 | 인천 | 서울 | 강원 | 대전 | 충북 | 충남 | 제주 | 광주 | 대구 | 부산 | 전북 | 경북 | 전남 | 경남 | 울산 |
| -11.6 | -31.2 | -33.3 | -33.9 | -36.4 | -37.4 | -38.9 | -38.9 | -41.5 | -44.3 | -46.6 | -47.1 | -49.5 | -51.8 | -52.0 | -57.8 | -58.8 |

자료: 통계청

〈출처 : 나무위키〉

이런 상황은 인구피라미드가 중간 연령층이 많은 항아리형 구조에서 아동청소년이 줄어들고 고령층이 증가하는 역삼각형 구조로 변화하게 될 것이며 이는 전국적으로 서울을 제외하고 지역소멸의 위기가 현실이 되고 있음을 보여준다.

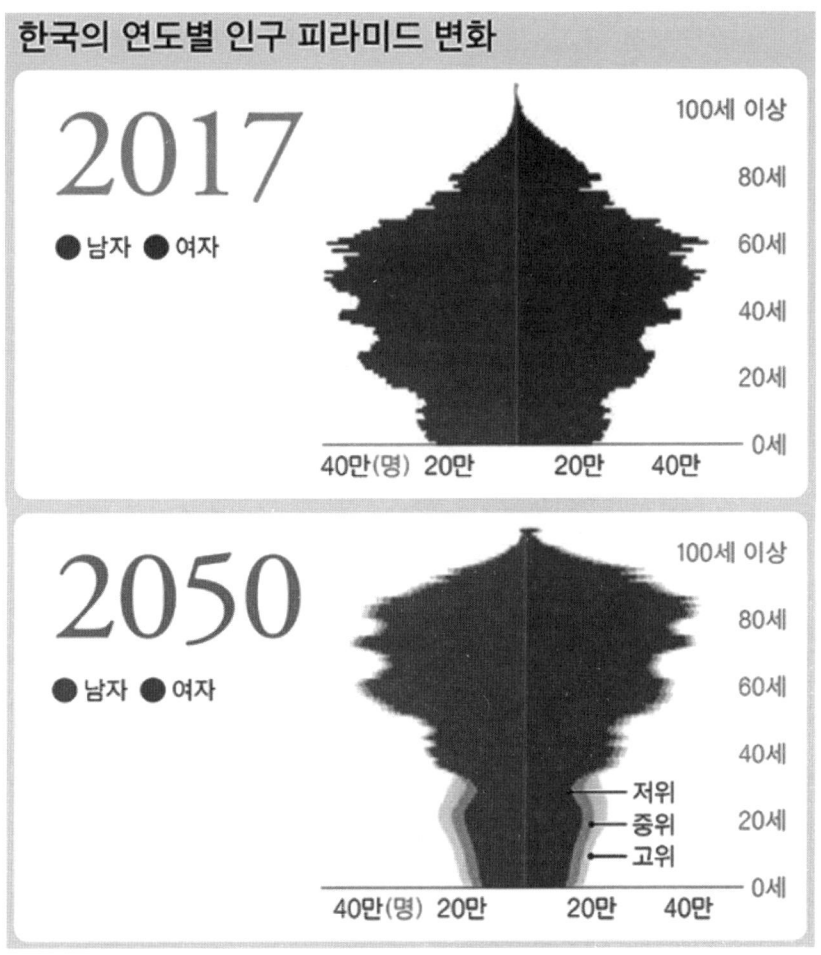

한국의 연도별 인구 피라미드 변화

2017
● 남자 ● 여자
100세 이상
80세
60세
40세
20세
0세
40만(명) 20만   20만   40만

2050
● 남자 ● 여자
100세 이상
80세
60세
40세
─ 저위
20세 ─ 중위
─ 고위
0세
40만(명) 20만   20만   40만

연도별 인구 피라미드 변화

〈출처: 중앙일보〉

　　이처럼 국가차원에서 인구절벽시대에 지역소멸의 위험에 대비하
는 긴급하고 절박한 대책이 필요함을 보여주고 있다.
　　인구절벽시대에 교육 또한 영향을 매우 크게 받는다.

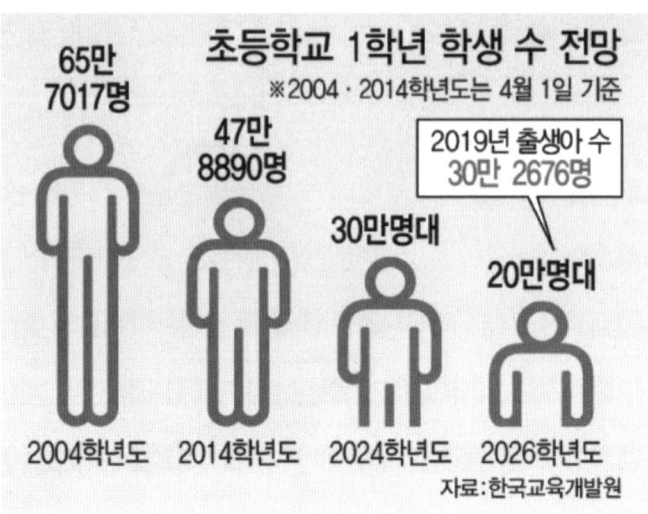

초등학교 1학년 학생 수 전망
※2004 · 2014학년도는 4월 1일 기준

65만
7017명

47만
8890명

30만명대

2019년 출생아 수
30만 2676명

20만명대

2004학년도   2014학년도   2024학년도   2026학년도

자료:한국교육개발원

〈출처: 이데일리〉

    출생아 수가 해마다 줄어들면서 처음으로 전국적으로 초등학교 입학생 수가 40만 명도 되지 않은 상황이 벌어지고 있다. 이는 자연스레 학교의 폐교와 학생 배치 불균형 등으로 인안 교육 여건이 악화되는 현상을 초래한다. 즉 학생 수가 적어지면서 여럿이 함께 어울리는 공동체 활동 교육과정 운영이 어려워지고, 작은 학교를 폐교해서 그 예산을 큰 학교에 집중시키자는 경제논리가 힘을 얻게 되며, 학교소멸이 지역소멸로 이어지고, 더하여 인구의 도시집중을 초래하는 악순환의 고리가 반복되는 지경에 이르게 되는 것이다.

전국 폐교 초·중·고교
(단위: 개교)

자료: 진선미 의원실·교육부

〈출처: 세계일보〉

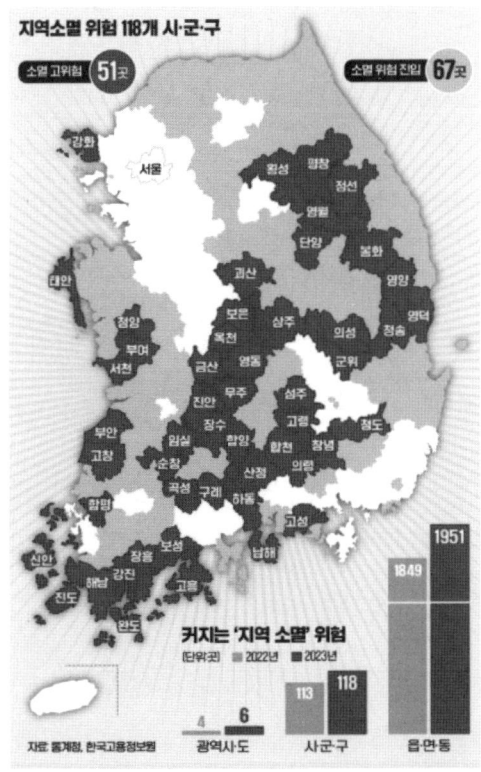

〈출처: 한국경제〉

인구절벽의 상황에서 초·중등교육의 위기는 곧 대학의 위기로도 이어진다.

<출처: 안팎뉴스>

출생아 수가 줄어감에 따라 시간이 흐르면서 많은 대학에서 정원 미달 사태가 이어진다. 학령인구 감소는 수도권보다 지역에, 국립대보다는 사립대에 큰 위기로 다가오고 있다. 미충원이 주로 수도권보다는 지역대학에서 먼저 크게 발생하면서 결국 도미노처럼 지역경제 위축 및 일자리 감소에 대한 우려로 이어져 지역 위기를 심화시키고 있다.

현재 대학은 저마다 생존을 위한 몸부림으로 다양한 자구책을 마련하고 있다. 교수들은 원서제출기간이면 고등학교를 찾아다니며 홍보활동을 벌이고, 입학생들의 등록금을 면제하거나, 최신 복지혜택을 제공한다고 한다. 대학들이 다양한 노력을 진행하고 있지만 학생수 자체가 줄어드는 상황에서 이제는 생존이 위협받는 상황에까지이르고 있다. 이 문제는 대학 자체의 문제를 넘어서서 지역 소멸을대응하는 해법에서 함께 머리를 맞대고 찾아야 한다.

대학 위기는 기회가 될 수 있다. 대입 정원 감소와 입학생 미달 상황은 아이러니하게도 수 십 년간 제기되어 왔던 수능 입시 경쟁을 해결할 기회가 될 것이다. 지금처럼 입학 정원이 줄어든다면 더 이상수능으로 학생을 선발하는 것은 의미 없어진다. 또, 생존을 위한 대학 간 연계가 불가피해지고, 대학 서열화와 OECD 국가에서 상위 3위에 해당하는 민간지출 분야, 즉 학생들의 등록금으로 의존해왔던대학 운영의 문제 등 그동안 고등교육의 문제로 거론되던 일들을 개혁할 수 있는 긍정적인 효과도 가져올 수 있다.

지역 대학들이 스스로 자구책을 만드는 것과 함께 지역의 여건에맞는 인재 육성과 시대적 상황에 맞게 대학의 틀을 바꾸는 것도 함께 고민해야 한다. 지역과 함께, 공교육과 지방자치단체, 그리고 지역의 산업 기반과 연계한 학생들의 진로까지 염두한 새로운 대학의 모델을 제시해야 한다. 학생들을 잘 키워 서울로 취업 보내려는 대학이아니라, 지역과 협력하고 지역을 위한 인재를 육성해야 한다. 뿐만아니라 진로, 취업을 목표로 하는 20대만을 위한 대학이 아니라 다양한 연령층에 열려있는 평생교육 영역으로 확대하여 지역의 공공성을 확대해가야 한다.

대학도 당분간 생존을 위한 몸부림은 불가피하다. **시대적인 흐름을 읽고 지역과 함께, 지역의 인재를 육성해야 한다. 그러기 위해서는 입시 제도를 개선하고, 과감한 대학 개혁에 동참해야 할 것이다.** 이제 대학이 사랑하는 우리 아이들을 성적으로 줄 세우지 못하는 날이 올 것이다. 대학 개혁, 대학입시제도 개혁으로부터 연대와 상생의 지역교육생태계는 출발한다.

2. 교육과 삶의 연결을 위한 조건
- 연대와 상생의 지역교육생태계 구축

 지역위기가 지역교육의 위기로, 지역교육 위기가 지역의 위기로 이어지는 문제를 극복하기 위해서는 학교를 어떻게 살리고 유지할 것인가를 지역과 학교가 함께 고민해야 한다. 이에 대한 해결 방법으로 어떤 이들은 농촌유학 활성화를 제안하기도 하고, 도교육청은 어울림학교 정책을 운영하기도 한다. 하지만 인위적으로 아랫돌 빼서 윗돌 막기 식으로 운영하는 것은 성과를 보이기도 하지만 한계도 명확하다.

 근본적으로는 삶의 질을 높여 출생률 저하를 극복하기 위한 대책과 구체적 시행이 필요하겠지만 이는 아무래도 중앙정부와 지자체의 노력이 더욱 클 것이고 그와 더불어 교육청과 지자체의 보다 긴밀한 협치가 무엇보다도 요구된다. 교육기관은 작은 학교 살리기와 지역소멸의 위기 극복을 위해 농어촌교육특구사업, 혁신교육지구사업을 통해 배움의 장을 학교의 울타리를 넘어 삶의 터전인 마을로 확장하려는 노력은 지속되어 왔다. 그러나 지금까지의 노력은 학교교육과정에 지역체험처나 지역강사를 활용한 프로그램을 담아내는 수준에서 일정한 성과를 거두기도 했지만 더 이상 나아가지 못하는 한계도 있었다. 지역중심의 다양한 체험도 중요하겠지만 **아이들이 학년이 올라가도 지역을 떠나지 않고 지역에서 행복한 미래를 그릴 수 있고 지역의 주인으로 성장할 수 있어야 한다.** 아이들이 떠난 지역은 미래도 담보할 수 없다.

이런 총체적 위기를 극복하기 위해 학계에서도 그간의 노력에 대한 성과를 연구하고 한계를 지적하며 새로운 대안을 제시하고 있기도 하다.

그중 주목할 만한 연구와 대안으로 김용련(2021)은 미래교육 환경의 변화 속에서 지역교육생태계 구축의 필요성을 강조하고 있다. 마을교육공동체를 넘어 지역교육생태계 구축으로 나아갈 수밖에 없는 사회적 변화 요인으로는 "첫째, 지역균형발전을 통해 지역사회의 역량이 강화되고 사회적 경제나 협동조합과 같은 공동체의 호혜적 상생을 위한 생태적 노력이 강화되는 사회적 추세이다. 둘째, 효과성과 효율성을 중시하는 산업사회 패러다임은 창의와 유연성을 중시하는 네트워크의 생태적구조로 전환되고 있다. 셋째, 교육 역시 지역사회 네트워크와 삶의 현장에서 경험하고 실천하는 사회생태적 패러다임으로 변화하고 있다. 넷째, 학교교육을 교육소비자와 교육공급자의 관점에서 바라보던 신자유주의적 흐름은 교육주체가 다변화된 마을

교육공동체를 통해 다자간의 탈중심화 된 연대가 강화되어 가고 있다."고 보고 있다.

손성호(2020) 또한 지역의 교육력을 높이는 지역교육생태계 구축의 필요성을 강조하는 비슷한 해결책을 제시하고 있다. 그 요인으로는 "첫째, 저출생고령화 사회로 인한 지역소멸현상 심화 문제 해결을 위해서는 지역개발 전략 및 지역의 교육력 제고 전략이 필요하다. 둘째, OECD 미래학교체제 개혁 시나리오는 학교와 지역의 관계 재구축을 통해 학교는 지역사회의 중심기관으로 전환되어야 함을 강조하고 있다. 셋째, 혁신교육지구, 마을교육공동체 조성 등 학교와 지역 연계 정책이 급속히 확대되는 추세이다. 넷째, 지역의 인재를 양성하고 많은 인재들이 타 지역으로 빠져나가는 구조를 막기 위해서다. 다섯째, 지역의 인재들이 지역에 남아 지역을 살리는 역할을 하도록 우리 교육의 패러다임이 '학생 한 명 한 명이 소중한 모두의 교육'으로 전환하는 선순환구조가 필요하기 때문이다."고 공통적으로 주장한다.

인구절벽으로 인한 지역소멸위기, 4차 산업시대의 도래와 미래사회로의 급격한 전환이라는 **시대적 사회적 요구에 보다 적극적인 대응하기 위해 지역사회 네트워크 강화를 통한 연대와 상생의 지역교육생태계 구축이 필요하다.** 이를 위한 구체적인 전략으로 미래형 교육자치 협력지구 성공적 정착 지원을 통한 미래형 지역교육 협력체제 구축, 도교육청 슬림화를 통한 시군 교육지원청 역량 강화, 미래형 통합학교 확대가 필요하다.

가. 연대와 협력이 출발선이다. 지역교육 협력체제 구축

배움은 사회적인 삶과 연결되며, 지역사회 속에서 학습자가 사회적 정체성을 갖도록 해야 한다. 배움은 언제, 어디서나, 누구와도 이루어 질 수 있다. 이를 위해서 기존의 마을교육공동체와 혁신교육지구[37] 운동의 한계점을 확인하고 더욱 체계적이고 내실있는 운영방안에 대한 고민을 할 필요가 있다.

그간 마을교육공동체와 혁신교육지구를 돌아보는 자리에서 비슷하게 나오는 평가지점으로는 "지역사회의 교육적 인프라를 비롯한 지역특색교육 활성화를 위한 여건이 갖추어지지 않은 상황에서 온전한 형태의 지역교육공동체를 구축하지 못하였다."는 것과 함께 "담당 조직이 상설화되지 못한 사업의 지속성 문제, 마을교육 프로그램에 대한 질 관리 문제, 일반자치와 교육자치의 충돌로 인한 제도적 모순점을 개선점"으로 지적하고 있다. 또 기존의 교육자치협력 시스템은 교육행정과 일반행정의 지원체계가 분절되고 협력관계가 아닌 경쟁

---

37) 혁신교육지구는 지역교육생태계 구축을 위한 대표적 교육정책이라고 볼 수 있다. 2011년 경기도 6개 지구로부터 시작하여 양적으로 급속히 확장된 혁신교육지구는 학교 밖 학습 돌봄, 지역특색교육 실현, 지역연계 교육과정 및 체험·축제 등 지역의 다양한 협력 사례를 창출하며 정부 국정과제 우수사례로 채택되었다. 이러한 혁신교육지구의 성과에도 불구하고 한계도 드러나고 있다.

관계를 형성함으로써 비효율적인 사업추진이 이루어지는 문제점이 있다고 보았다.

이러한 혁신교육지구의 한계점을 극복하기 위하여 지역의 범위를 확대하고 좀 더 적극적인 연대와 협력이 가능하도록 '교육자치 협력지구[38](미래교육지구)'사업이 새로운 대안으로 제시되고 운영되고 있다. 이러한 시스템은 통합적인 지원체제 구축을 통한 다양한 지역연계 사업으로 생애주기별로 맞춤형 지원이 이루어질 수 있다는 장점이 있다.

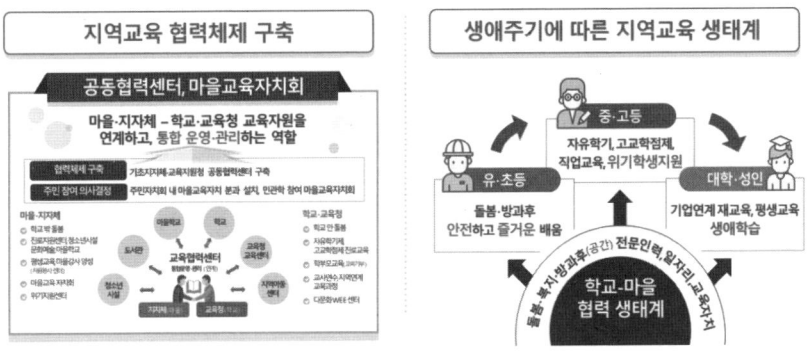

지속가능한 지역교육 협력체제(안) (출처: 교육부)

---

38) 교육부는 2018년'풀뿌리교육자치사업'을 2020년'미래형 교육자치 협력지구' 사업명으로 사업구조를 전환하였다. 혁신교육지구의 공동교육협력센터, 마을교육자치회, 학교혁신선도 등의 우수 모델을 지원한다. 또한 고교학점제, 방과후돌봄, 평생학습도시, 직업교육, 체육예술교육, SW교육센터 등의 교육부 사업과 생활SOC, 주민자치회, 농어촌지원, 마을돌봄 등 타부처 사업간을 연계한 심화모델을 개발한다.

지역교육 협력체제는 지자체와 교육청, 학교와 마을을 잇고 다양한 사업과 자원을 통합적으로 관리·지원하는 중간매개체 역할을 수행하는 공동협력센터와 중간조직으로서 마을교육자치분과를 기반으로 한다. 지역의 성장을 지원하기 위해 지역 특성에 맞는 다양한 심화 특색사업으로 "고교학점제, 방과후·돌봄, 평생교육, 직업교육, 체육·예술교육, SW·AI 센터 등 협력센터를 공동으로 활용하는 모델을 개발하고, 지역사회 중심 타 부처 사업과 연계 협력이 추진"된다.

지역협력 사업 예시(출처: 교육부)

❶ 지역연계 마을방과후 활성화
❷ 학교밖 청소년 및 위기학생 지원
❸ 체육예술교육 활성화
❹ 고교 교육과정 다양화 및 진로 집중학기 운영
❺ 마을 연계 교육과정 개발
❻ 대학–산학 연계 직업교육 활성화
❼ 평생학습체제 구축
❽ 주민자치회와 마을교육자치회 연계 활성화
❾ 지역사회 교육 관련 부처사업 협력 모델 개발

지역교육 협력체제 운영 사례 (출처: 교육부)

구분	시군구	주요 내용
협력 체제	서울 도봉	○ (주민자치 연계 교육공론장) 동 단위 운영으로 마을교육자치 토대 마련(17개 공론장, 3개 교육회의) ○ (마을교사 모임 확대) 마을교사들이 교육 내용중심으로 아이들을 만나는 융합형 마을학교(무수골 비빔밥 학교, 창골 도담놀이단 등) 운영
	경기 시흥	○ (미래교육 공론화 전담팀(TF) 운영) 시흥 민관학 교육주체가 지역에 맞는 교육자치 통합기반 모형 구축을 위해 지역교육 현안별(12개 주제) 공론화 실시 ○ (시흥혁신교육포럼 운영) 지역혁신 교육의 중장기 발전 계획을 논의하는 지역교육의 공론장(3회) 운영
	충북 옥천	○ (주민자치회와 마을교육자치회 연계) 2021년 지역교육 의사결정 구조를 만들기 위해 순회교육(9개 읍면) 실시 ○ (옥천교육행정협의회 통합) 기존 행복교육위원회를 의사결정 및 최종 심의 역할을 하는, 조례에 근거한 법적 기구의 옥청교육행정협의회로 통합
	전남 곡성	○ (곡성군미래교육재단 운영) 곡성군미래교육재단으로의 전환을 통해 독립기구로서의 협력체제 중심역할 수행 ○ (마을단위 교육 협력 확대) 죽곡 함께마을 사회적 협동조합 출범 및 옥과면·입면 등 마을교육협의체 구축
특색 사업	충북 충주	○ (다부처사업 연계) (교육부)미래교육지구, 평생학습도시, (국토부)도시재생사업을 연계하여 공동협력센터 및 미래교육 청소년 문화 축 조성 협의 ○ (청소년활동 활성화) 청소년 자치공간 운영과 청소년 자치 배움터 '모모학교' 개소·운영
	충남 공주	○ (마을학교 프로그램 운영) 지자체-교육지원청-주민 연계 늘품(마을)학교 운영(명덕재산골교육 등 14곳) ○ (지역에 맞는 협업 모델 개발) 청소년 자치형 잇템학교(청소년 순찰단, 마을지기 동아리 등), 지역 마을축제 운영(마을주민 주도형, 학교 주도형)
	전남 순천	○ (지역기반 교육과정 개발·운영) 지역 생태, 문화를 기반으로 동천, 철도, 문화역사교육과정 개발 및 삼산초 등 인근학교 시범운영 ○ (청소년활동 주도 프로젝트) 기적의 꿈 성장 프로젝트 10개소, 청소년 창업공간 등 운영

구분	시군구	주요 내용
위기 극복	울산 중구	○ (온마을 방역 선도) 저소득층을 위한 수제마스크 제작·기부(2,000개), 마스크 스트랩 제작 온라인 자료 제공 ○ (방역 속 촘촘한 돌봄) 엄마품 돌봄 서비스 운영(간식 서비스 등), 소규모 분반(블록형) 수업 진행, 맞벌이 부부 자녀 대상 돌봄 운영(11개소)
	부산 사하	○ (온-오프라인 홈 창의수업) 초등 대상 창의활동 체험 수업 운영(온라인 125회, 방문 165회) ○ (원격학습 마을지원단 운영) 학생원격학습 마을지원단(20교), 교원 원격수업 기반 구축 마을지원단(12교), 대학생 기초학력지원단(59명) 등 운영
	전남 구례	○ (마을 긴급돌봄) 코로나 대응 온라인 지원 시스템 구축(온라인 마을학교 프로그램 운영 등), 마을 긴급 돌봄 프로그램(13교) 운영 ○ (수해 극복) 지역 수해극복 프로그램(어린이·청소년 안부 나눔 등), 청소년 마을아픔 함께 나누기

미래교육지구 특색 사업 (출처: 교육부)

시도	시군구	주요 사업 계획
서울	서대문	"경계 없는 행복한 학교 서대문" - (협력체제) 민관학이 함께 하는 동단위 교육자치회 구성·운영, 서대문 혁신교육지원센터 역할 강화 - (특색사업) 동 단위 주민자치회 중심사업 '판' 및 마을 협력 학교지원사업 '상상하라', 온라인 원격학습 '토요동(洞)학교 확장판', 부적응 학생 심리지원 '달팽이 학교', 교육현장 보조자 지원 사업 등 운영
부산	진구	"아이들이 신나는 교육공동체 부산진구" - (협력체제) 동별 마을교육자치회 구성·운영, 부산진구 다행복교육지원센터 및 다행복교육지구추진단 역할 강화 - (특색사업) 마을교육자치회 성장지원팀, 학생 동아리 '마을사업', 마을 협력 학교 공간혁신, 마을 협력 지역교육과정 등 운영
	북구	"학교를 품은 마을, 꿈을 짓는 교육공동체" - (협력체제) 행안부 사업연계 주민자치회 분과 운영, 북구 다행복교육지원센터 중심 학교-마을 연계 - (특색사업) 학교 연계 학습공동체 동아리, 다행복교육알림방 운영, 학교마을 공감사업(엄마에게 배우는 성(性) 이야기, 미래직업 마을에서 찾다 등), 우리마을 배움터 활동(문학품은 낙동강 기행) 등 운영

시도	시군구	주요 사업 계획
인천	계양	"교육자치와 일반자치 결합을 통한 계양 마을교육공동체 생태계 조성" – (협력체제) 주민자치회, 학교, 마을교육활동가, 학부모, 지역단체 참여 동 단위 협력체제 구성 및 권역별 모임 운영 – (특색사업) 동교동락(洞校同樂) '1동 1교' 하모니, 유관기관 연계 마을교육 기록 전산화(아카이빙), 지역대학 연계 문화예술 교육마을나들이 '마을아, 안녕?', 계양형 마을교육과정, '학교너머 청소년 마을학교', 마을협력 사회적돌봄서비스 등 운영
세종	세종	"함께 소통하며 교육이 문화가 되는 행복교육공동체" – (협력체제) 행복교육지원센터 민관학 협력체제 구성·운영, 읍면 지역 마을교육공동체 시범운영(전의면) – (특색사업) 마을형 혁신자치학교, 캠퍼스형 공동교육과정, 복컴 및 마을–학교 결합형 마을방과후학교, 학생 주도 동네방네 사업, 마을교육공동체 심화과정 학위제, 마을교육공동체 자문 및 자문단 등 운영
경기	고양	"틈과 결, 꿈과 쉼이 있는 배움터" – (협력체제) 고양형 혁신교육 학술대회(컨퍼런스) 정례 운영, 온마을배움지원센터를 통한 유기적 협력 추진 – (특색사업) 고양 혁신교육연구소, 온마을체험버스, 고교학점제 마을캠퍼스, 미래형 학교공간 혁신사업, 청소년수련관 연계 마을 방과후 '다함께 교실', 지역연계 수업 등 운영
경기	화성	"화성 아키온, 아이를 키우는 온 마을" – (협력체제) 관관(화성시/교육지원청)–민학(마을단위운영협의체) 협력체제 구성 – (특색사업) 학교급 이음형 공동교육과정, 모·여·라 화성학생의회 학교, 이음터 상상+학교, 학생 민간공익단체(NGO) 사업, 화성 진로체험거리, 찾아가는 코딩교실 등 운영
	오산	"오산 미래교육, 혁신에서 자치로" – (협력체제) 오산혁신포럼 운영을 통한 현안 의제 도출, 미래교육협력센터를 마을교육공동체 지원센터로 구축 – (특색사업) 학교시설 공유 공동체 교육과정, 고교학점제 이음형 공동교육과정, 마을교육 기획단, 평생교육 '징검다리 교실', 학교공간 사업 '별별숲', 사회적 농업활성화 '꼬마농부', 타 부처 사업 연계 프로그램 등 운영

시도	시군구	주요 사업 계획
강원	인제	"하늘내린 인제, 미래 지역인재 육성" – (협력체제) 인제군 교육발전위원회 중심 지역교육 의사결정 체제 구축, 미래형 교육자치 지원센터 구축(예정) – (특색사업) '내고장 명소 탐방'(대암산 용늪 등), '지속가능한 교육 프로그램', 마을방과후/온종일돌봄 연계 '하늘내린 띠앗인제', 주민자치회/마을교육 자치회 연계 '하늘내린 혁신인제' 등 운영
충북	제천	"지역교육의 힘으로, 더불어 행복한 제천" – (협력체제) 제천행복교육지구 운영위원회, 마을교육공동체 중심 지역교육 의사결정 체제 구축 – (특색사업) 청소년 공간 혁신사업, 청소년 복합문화 연합지구, 청소년 정책시장, 마을형 공동교육과정(클래식 합주, 영상제작, 연극 등), 진로 연계 학교밖 배움터 실습, 마을–학교 연계 교육과정(마을교과서, 마을교사 연계) 등 운영
전북	군산	"온마을 온 아이 군산미래교육지구 운영" – (협력체제) 다양한 민관학 협력체제를 통한 의견 수렴 및 군산통합교육 지원센터 중심의 유기적 연계 추진 – (특색사업) 소규모학교 활성화 군산형 학교혁신 축 조성, 진로 및 자유학년제 연계 사업 '열리고', 기후변화 위기대응 프로그램 '동행', 지역 연계 교육과정(근대 역사거리 등), 도시재생과 문화예술 교육기부 연계한 타 부처 사업 연계 프로그램 등 운영
경북	의성	"지속가능한 마을교육공동체로 모두가 성장하는 행복 의성" – (협력체제) 주민자치회 내 마을교육자치 분과 운영, 의성미래교육지원 센터 중심의 민관학 협력역할 수행 – (특색사업) 청소년 꿈성장학교, 엄마품 돌봄교실 및 우리동네 학교, 마을교육공동체 경험박람회, 마을학교 중심 작은학교 살리기 시범학교 등 운영

이중에서도 특히 경기도 시흥의 교육자치 협력지구 운영사례는 음미해 볼 필요가 있다. 시흥 미래형 교육자치 협력지구 사업은 '시흥혁

신교육포럼[39]을 중심으로 지속가능한 구조를 위한 새로운 교육 거버넌스 구조를 구축하고 시흥교육청, 시흥시청, 지역교육기관이 통합 근무하는 형태인 '시흥교육통합지원센터' 구축을 중심으로 한다. 학교는 학교교육자치 완성, 마을은 마을교육자치회 구성 및 내실있는 운영, 기관은 향후 마을교육자치회를 통합하는 형태의 센터 구축을 목표로 추진한다. 시흥혁신교육포럼 내 학생자치, 학교자치, 교육과정지원, 학부모, 교육복지, 미래교육 등의 6개 분과위원회를 두고 상시적, 실질적인 협의 진행이 이루어지며 이를 바탕으로 전체 협의체 내에서 지역교육현안의 과제를 도출하고 발전방안을 마련한다. 마을에서 제안한 지역사회 연대 방과후돌봄, 청소년위기지원 시스템 구축, 청소년 학교 운영을 위한 공동장 마련, 시흥교육 정책 투어 상품화, 마을 중심의 자유학년제 지원센터(직업체험) 운영, 혁신학교학부모네트워크 사업, 고교학점제 기반 조성 등을 추진한다.

---

39) 2025년 현재는 "시흥미래교육포럼"으로 명칭 변경 운영 중.

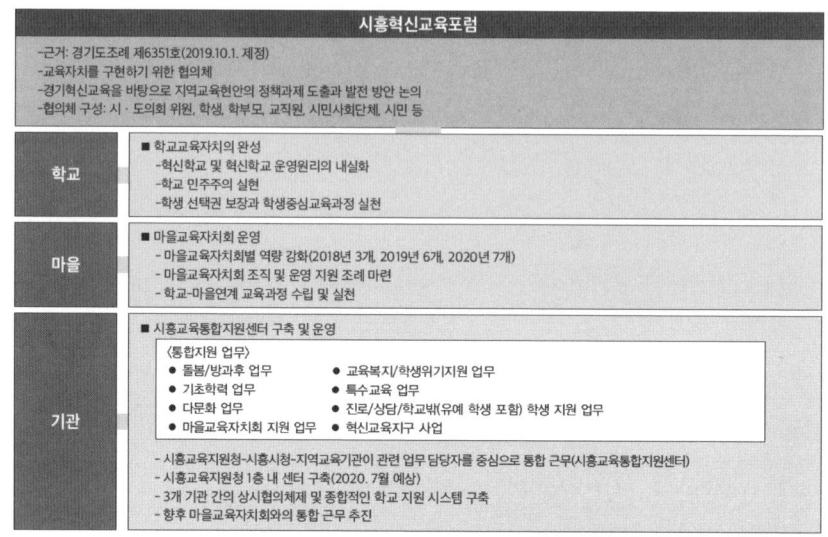

학교

■ 학교교육자치의 완성
 -혁신학교 및 혁신학교 운영원리의 내실화
 -학교 민주주의 실현
 -학생 선택권 보장과 학생중심교육과정 실천

마을

■ 마을교육자치회 운영
 - 마을교육자치회별 역량 강화(2018년 3개, 2019년 6개, 2020년 7개)
 - 마을교육자치회 조직 및 운영 지원 조례 마련
 - 학교-마을연계 교육과정 수립 및 실천

기관

■ 시흥교육통합지원센터 구축 및 운영

 〈통합지원 업무〉
 ● 돌봄/방과후 업무   ● 교육복지/학생위기지원 업무
 ● 기초학력 업무   ● 특수교육 업무
 ● 다문화 업무   ● 진로/상담/학교밖(유예 학생 포함) 학생 지원 업무
 ● 마을교육자치회 지원 업무   ● 혁신교육지구 사업

 - 시흥교육지원청-시흥시청-지역교육기관이 관련 업무 담당자를 중심으로 통합 근무(시흥교육통합지원센터)
 - 시흥교육지원청 1층 내 센터 구축(2020. 7월 예상)
 - 3개 기관 간의 상시협의체제 및 종합적인 학교 지원 시스템 구축
 - 향후 마을교육자치회와의 통합 근무 추진

시흥혁신교육포럼 (출처: 남혜정. 2020)

특히 주목할 지점은 일반행정과 교육행정의 벽을 허물고 경기도교육감과 시흥시장은 시흥 교육자치를 위해 학교와 지자체가 함께 새로운 협력을 약속하며 2015년 전국에서 처음으로 일반행정, 교육행정, 교사가 한 공간에서 일하는 시흥행복교육지원센터의 문을 열고 "시흥행복교육지원센터 설치 및 운영 조례"를 만들어 목표를 위한 지원을 위해 효율적인 행정시스템을 만들었다는 것이다.

이런 시흥시의 사례는 지역위기 극복과 교육력 확보를 위한 시도로서 여러 가지 시사점과 새로운 대안을 보여준다.

첫째, 교육청, 지자체, 지역교육 관련기관이 통합 근무하는 형태인 교육통합지원센터 구축에 주목할 필요가 있다. 교육통합지원센터는 마을과 학교를 지원하는 허브로서 시청과 교육지원청의 협력을 통해 혁신교육지구 사업을 지원하고 실천단위인 마을교육자치회를 지원하면서 공동의 목표를 향해 행정의 벽을 허물고 효율적으로 운영하고 있다.

둘째, 교육통합지원센터는 교육 플랫폼의 기능을 하고 있다. 이 센터가 효과적으로 운영되기 위해서는 민·관·학이 참여한 지역교육포럼이 상시적이고 실질적으로 이루어져 한다. 교직원으로 구성된 학교교육분과, 마을교육자치회로 구성된 마을교육분과, 지자체의 여러 부서들과 교육지원청의 장학사, 지역전문가로 구성된 행정분과, 미래교육지구를 실행하는 교육자치분과를 조직하여 매월 정례적인 만남을 이어가고 있다. 이 속에서 지역교육현안 과제들을 의제화하고 사업과 정책화해 나가고 의제별 TF팀을 꾸려 가고 있는 것이다. 이를 통해 시청의 사업은 학교 교육과정과 매칭되고, 마을교사와 학교교사의 공동 교육과정 설계 및 협력수업이 이루어지고 있다.

나. 자치 권한 부여를 통한 교육지원청 자체 역량 강화

교육자치시대에 교육지원청은 지역 혁신의 중심이 되어 지역과 학교자치를 지원하고, 지역교육력 확장을 위한 중심기관의 역할을 강화해야 한다. **지역교육자치권을 강화하기 위해서는 행정 조직개편이 필요하다.** 교육지원청이 도교육청의 업무를 위임처리 하는 역할로 공문서 배부, 취합, 보고의 업무가 많은 실정으로 기존의 관리·감독 중심에서 학교지원 기능으로 변화하기 위해서는 인력 및 재원의 보완, 다양한 요구에 응할 수 있는 조직개편, 운영의 탄력성과 융통성이 필요하다.

이러한 문제를 해결하기 위해서는 비대해진 교육청을 슬림화하여 교육지원청의 역할을 확대해야 한다. 도교육청에서 관행적으로 이루어지는 전시성 사업, 실적 위주의 사업을 폐지하고 감축된 예산과 본청 인력을 시군 교육지원청으로 배치해야 한다. **도교육청만 슬림화**해도 시군 교육지원청의 인력충원, 공문축소, 소통문화가 개선되어 교육지원청의 학교현장지원 기능이 강화될 수 있을 것이다. 더불어 교육지원청의 학교현장지원 기능을 강화하기 위해서는 교육전문직원과 행정직원의 직무분석을 통한 합리적인 업무의 재조정이 필요하다. 교육전문직원의 업무경감을 통해 학교현장지원 역량을 강화해야 한다.

또한 지역교육생태계 구축을 위한 **자치권한 부여와 인사 혁신이 이루어져야 한다**. 지역교육지원청의 교육장은 지역에 대한 충분한 이해를 바탕으로 지자체와의 적극적인 협치를 만들어 나갈 필요가 있다.

하지만 현실은 지역교육장들에게 자치권한이 특별한 것이 없다 보니 기초자치단체나 지역 교육시민단체들과 협의가 능동적이고 효율적으로 이뤄지지 않는 다는 것이다. 예를 들어 특별사업을 추진하더라도 지역교육청에서 자체 활용 가능한 예산이 부족하기도 하고, 시도교육청의 허가와 협의가 사전 동반되어야 하는 경우가 대다수이기에 기초자치단체장들도 지역교육장과의 협의보다는 시도교육감과의 직접 소통을 원하는 경우가 많다. 하지만 지역의 현안문제는 지역에서 일차적으로 협력적 거버넌스를 구축하고 계획과 집행 이후 피드백이 이뤄져야 성과도 더욱 크게 낼 수 있다. 따라서 지역을 잘 아는 교육장을 공모 또는 임명을 통해 예산과 권한을 대폭 이양한다면 지역의 현안문제를 좀 더 효율적으로 해결해 갈 수 있을 것이다. 더불어 교육전문직원의 담당업무 지속성 확보를 위한 인사시스템 개편도 필요하다. 또한 지역교육 활성화를 위해 마을연계 철학을 가진 교장 공모제, 마을교사 초빙제도도 확대할 필요가 있다. 교사가 지역전문가로서 성장할 수 있도록 한 학교에서 10년까지 근무할 수 있는 학교 근무기간 유연화 도입 및 교원들의 정주여건 지원방안도 마련할 필요가 있다.

다. 미래형 통합학교 확대

그간 농어촌을 끼고 있는 시도교육청과 진보교육감 지역을 중심으로 추진해온 농어촌 작은학교 살리기 정책은 공교육의 다양한 교육적 가능성을 보여주었다. 일단 농어촌 작은 학교 살리기 정책은 제도적으로 단위학교의 자율성을 확대시키는 방향으로 나아가야 한다. 자유학구제를 확대하고 차별화된 학교교육과정의 특성화를 통해 학교 선택권과 공교육의 다양성을 보장해 주어야 한다. 작은 학교 자유학구제(공동통학구형 어울림학교)는 소규모학교 살리기 정책 중 하나이다. 학구의 범위를 확대 지정하여 학생들이 주소이전 없이 작은학교로 일방 전입이 가능하도록 하는 것이다. 이는 도시 학교의 거대과밀학급 해소는 물론 개별화된 교육과정 운영의 교육적 혜택을 받을 수도 있고 더불어 소규모학교의 활성화에도 기여할 수 있다.

또한 어떤 학교를 가면 놀이 중심 교육을 할 수 있다거나, 또 어떤 학교는 진로교육에 강점을 보인다거나, 어떤 학교는 지역사회 연계형 교육과정을 운영한다거나 등과 같은 학교교육과정의 특성화와 다양화도 필요하다. 예를 들어 익산의 성당초 같은 경우 학생자치 및 지역사회와 연계한 특색있는 교육과정 운영을 통해 교육의 효과가 입증되면서 이른바 '농촌유학'으로 불리는 외부로부터 전입생이 들어오고 있다. 임실의 대리초나 완주의 삼우초, 정읍의 수곡초 등에서도 비슷한 사례를 보여주고 있다.

이제 작은학교살리기 시대가 인구절벽의 상황을 맞이하여 그 효과성이 반감되고 있는 상황에서 시대상황에 맞게 '적정규모 학교 지원'이 새로운 활로로 모색되고 있는 상황이다.

기존의 작은학교살리기 정책은 과거 농촌을 끼고 있는 교육청들 중심으로 지자체와 협력해서 조례를 만들어서라도 지역의 생존을 모색하는 작은학교 유지와 살리기에 방점을 두었었다. 교육청과 지자체는 그 방법으로 조례를 통한 예산과 행정지원의 근거를 마련하고 교육주체들은 교육과정 특성화/다양화/지역화/농촌유학활성화 등으로 인구유입 및 살리기의 방향으로 추진했고 일정정도 성과도 있었지만 이제는 그마저도 저출생 및 수도권 인구집중 등의 영향으로 한계에 봉착하고 실효성이 떨어지고 있는 상황이다.

이 와중에 교육부의 방침은 이명박근혜 때부터 작은학교 폐지 및 예산 절감과 효율화에 포인트가 있었다. 이러한 정책에 대해 당시 진보교육감과 진보진영은 교육에 경제논리 효율화논리가 아니라 학교가 가진 지역의 거점기능을 유지해야 한다는 논리로 거세게 반발했고 어떻게든 지역과 함께하는 교육공동체 마련의 철학을 바탕으로 최대한 버티면서 앞 다투어 작은학교살리기 정책을 추진했었다. 대표적인 것이 초기 혁신학교의 태동기 때 작은 학교중심으로 교육과정 다양화 특성화 지역화를 지역의 농민회 및 지역 교육단체들과 함께 추진했고 일정한 성과를 거두면서 진보교육감들도 이에 호응해 적극적으로 지원했었으며 제도적으로 통학버스 운영, 예산지원, 행정지원, 인력지원 등을 내용으로 하는 작은학교지원조례를 마련하고 조례를 근거로 추진했었다.

이렇듯 교육부 정책에 반발하면서 작은 학교를 유지하려 했으나 이제는 한계에 봉착한 상황이다. 학생 수가 줄어들면서 개선가능성이 희박하다면 자연스레 이제는 지역거점학교나 학교군(면단위 학교에 하나의 거점학교를 두는 방식)으로 그나마 명맥을 유지하는 방향으로 선회하는 것이 바람직하다고 볼 수 있다.

이렇게 방향이 전환되면 그에 따른 법률적 근거도 달려져야 한다. 이전의 작은학교 지원조례가 실효성이 없다면 적정규모 학교 지원조례로 예산이나 행정지원의 근거를 마련해야 하는 상황이다. 지속적으로 교육부에서도 작은학교 살리기 예산투자는 무의미하다고 하는 압박하는 상황에서 교육감들은 작은학교와 인근의 소규모학교를 합쳐서 지원하거나, 이전 재배치를 하거나, 초중등 통합학교를 추진하거나, 인근의 작은학교들을 묶어서 교육타운 건설해서 방과후 돌봄강사 채용 등 지역일자리 창출의 생존 전략을 모색도 필요하다.

소규모 학교 통폐합 문제와 관련하여 학교급간 통합 모델학교인 미래형통합학교가 대안이 될 수 있다. 미래형통합학교는 초·중 통합학교 모델, 중·고 통합학교 모델, 초·중·고 통합학교 모델 등을 생각해 볼 수 있다.

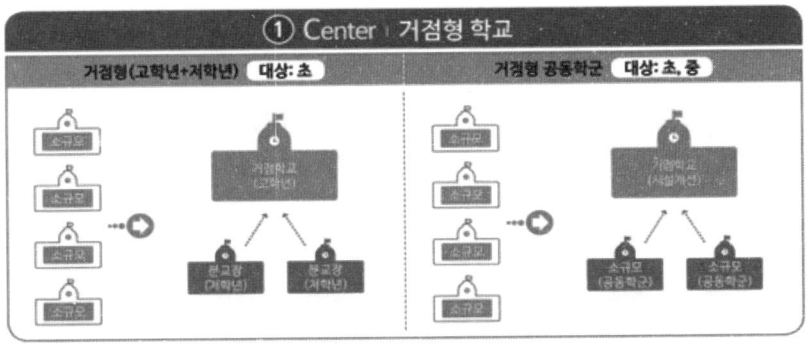

5C 『경기형 적정규모학교』 최적화 모형 (5C 유형)

① Center | 거점형 학교

거점형(고학년+저학년) **대상: 초**

거점형 공동학군 **대상: 초, 중**

② Create | 개편형 학교

기숙형학교 **대상: 중, 고**

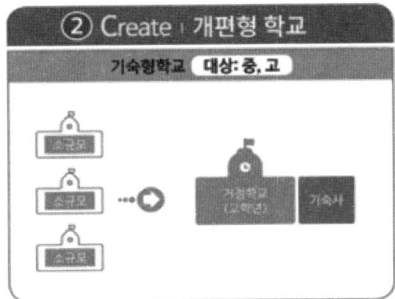

③ Combine | 통합형 학교

통합운영 **대상: 초, 중, 고**

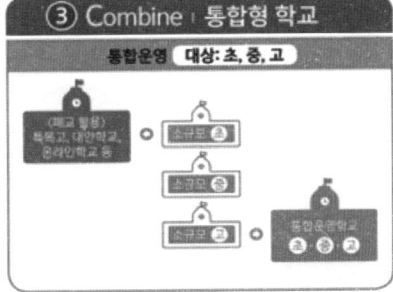

④ Complex | 복합형 학교

개방·공유형 **대상: 초, 중, 고**

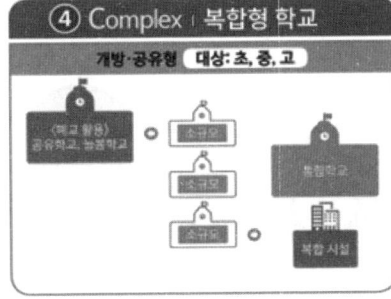

⑤ Connect | 확장형 학교

마을맞춤형 **대상: 초, 중**

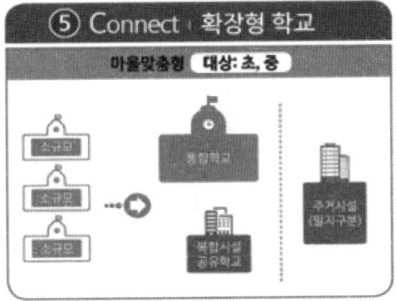

〈출처: 경기도교육청〉

특히 초·중 통합학교 모델은 초·중 연계 교육과정 적용을 통해 농어촌 작은 학교 운영의 질과 지역교육공동체 관계 형성의 질을 높이는 데 기여할 수 있을 것이다. 초·중 통합학교 모델은 9학년제로 유치원과 특수학교도 포함된 형태로 운영될 수 있다. 현재의 초·중 통합학교가 물리적이고 기계적으로 결합된 형태라면 미래형 초·중 통합학교는 교육과정 연계를 중심으로 화학적으로 결합된 형태를 지향한다. 단순히 시설만 공유하는 것이 아니라 초·중 교육과정 연계교육을 통해 교육적 효과를 높일 수 있다. 예를 들어 학교특색사업으로 오케스트라를 운영할 경우 초·중 통합학교는 초·중 연계교육과정 편성을 통해 장기적이고 심화된 교육이 이루어질 수 있다. 음악뿐만 아니라 미술, 체육 등 지속적으로 소질 계발이 필요한 교육활동에 있어 초·중 통합학교는 긍정적인 효과가 있다. 또한 획일적인 학년제 체제가 아닌 학생 개개인 수준에 맞는 개별화된 수업이 운영될 수 있다. 기초학력이 부족한 중학생은 초등학교 교육과정에 참여하여 보충수업을 받을 수도 있을 것이다. 일부 교육과정에서는 학교급, 학년구분이 없이 학생들의 요구와 필요에 맞춘 무학년제 수업이 이루어질 수 있다.

초·중 통합학교는 초등학교에서 중학교로 진학 시 지역을 이탈하는 문제를 해결할 수 있고, 농어촌 작은 학교에서 지적되는 학생 수로 인한 다양한 활동의 축소와 제약을 초·중 연계 교육과정 운영을 통해 극복할 수 있다.

실제로 전남 함평교육청은 작은학교 활성화를 위해 유·초·중 공동교육과정을 지원운영하고 있는 사례는 주목할 만한 대안 중 하나다. 공동교육과정이란 "학생들의 과목 선택권을 보장하기 위해 학교 간 상호협력해 운영교를 지정하고, 2개 이상의 학교 학생이 공동으로 오프라인 또는 온라인 형태로 모여 함께 개설 과목을 수강"하는 교육과정이다. "손불초병설유치원과 대동향교병설유치원이 작은유치원 협력 네트워크를 구축하고 있으며 기산초, 신광초, 대동향교초는 공동교육과정을 운영하고 있다.

소인수 학급으로 이루어진 이들 학교는 소규모로 하기 힘든 축구, 토론 등의 다양한 활동을 함께 추진하며 학생들의 사회성을 높이고 학습 선택의 폭을 늘리고 있다. 올해는 교육과정 연수와 연계한 중학교 공동교육과정도 지원할 계획이다. 학생들의 다양한 예술체험을 도울 작은학교 프로그램도 추진한다. 공연, 음악, 시각, 통합예술 등 다양한 문화예술교육 운영을 지원함으로써 교내의 문화예술교육 환경을 조성하고 있다. 신광초, 손불초, 함평월야중, 함평해보중 등에서 추진하고 있다. 다양한 예술체험과 수준 높은 문화예술 공연 관람 기회를 제공해 감수성을 비롯해 창의력도 향상하도록 지원한다. 특히 함평월야중은 전교생을 대상으로 방과후학교 관악오케스트라를 운영하고 있어 작은학교 프로그램과 함께 시너지를 내고 있다. 작은학교 이점을 활용해 전문지식을 갖춘 방과후 강사들의 1대1 맞춤형 교육을 추진하고 있으며 정기연주회를 통해 학생들의 성과를 선보일

무대도 마련했다. 또한 아침독서활동, 아나바다장터, 아침간편식 제공, 마을학교 운영 등 다양한 활동을 펼치며 작은학교의 모범을 보이고 있다. 올해 함평월야중은 나주식품산업연구센터 등에서 진로체험을 추진하는 등 정주형 지역 인재를 양성하기 위해 나설 계획이다."[40]

이렇듯 지역사회와 연계한 프로그램 개발을 통해 농어촌 지역사회와 함께 상생하는 방안도 마련할 수 있을 것이다. 미래형통합학교는 지역사회와 함께 하는 학습공간으로 재구조화되어야 한다. 농어촌 지역의 열악한 교육환경을 고려하여 학교는 수영장, 체육관, 도서관, 지역커뮤니티센터 등이 함께 조성된 복합문화공간이 되어야 한다. 중학생의 경우 학교 후 자기주도학습을 지원할 수 있는 환경이 필요하다. 또한 농어촌 학부모교육이 이루어질 수 있는 공간, 지역과 소통할 수 있는 공간이 필요하다. **학생과 학부모, 지역주민이 함께 사용하는 학습공간을 마련함으로써 배움이 확대되고 지역교육공동체를 강화시킬 것이다.**

---

40) 우리군민신문(2024.5.7.) https://www.yhnews.kr/news/articleView.html?idxno=41816

나가며: 지역을 살리는 교육, 교육을 살리는 지역

한국은행이 2023년 12월 발표한 초저출산 대책보고서를 보면 "OECD 34개국 평균 수준으로 하는 5가지 방안(정부의 지출 늘리기, 육아휴직 실이용기간 연장, 청년층 고용률 개선, 도시인구집중도 완화, 혼외출산 비중 늘리기)과 주택가격을 2015년 수준으로 하락시키는 6개의 정책을 시행했을 때 시나리오별로 출산율 변화를 연구한 결과 가장 효과적인 정책이 도시인구집중도 완화로 출산율을 무려 0.4명 가량 상승시킬 수 있다"고 제시한 바 있다.

[표 5.3] 정책 시나리오 분석

	[출산율 변화]
Scenario #1 한국의 가족 관련 정부지출(1.4%)이 OECD 34개국 평균 수준(2.2%)으로 증가	0.055
Scenario #2 한국의 육아휴직 실이용기간(10.3주)이 OECD 34개국 평균(61.4주)으로 증가 (법정 가능기간 52주 × 이용률 19.8%)　　　(69.4주 × 88.4%)	0.096
Scenario #3 한국의 청년층 고용률(15-39세, 58.0%)이 OECD 34개국 평균 수준(66.6%)으로 증가	0.119
Scenario #4 한국의 도시인구집중도(431.9)가 OECD 34개국 평균 수준(95.3)으로 하락 (인구밀도 530.4 × 도시인구비중 81.4%)　　　(122.6 × 77.7%)	0.414
Scenario #5 한국의 혼외출산비중(2.3%)이 OECD 34개국 평균 수준(43%)으로 상승	0.159
Scenario #6 한국의 실질주택가격지수(104)가 2015년 수준(100)으로 하락	0.002
합　계 Scenario #1-6이 모두 달성되는 경우	0.845

주: 1) ( ) 내는 2019년 기준 우리나라 및 OECD 수치(본 모형은 설명변수 변화시 2년 후의 출산율에 영향을 미침)
　　2) 출산율 변화는 '기준모형 추정계수 x (표준화된 OECD 평균 값-한국 값)' 으로 산출

〈출처: 한국은행〉

인구절벽 문제 해결을 위해 지금 쏟아 붓고 있는 노력의 상당수가 혜택과 지원에 초점을 맞추고 있는 상황에서, 그와 더불어 인구의 도

시집중 완화에도 관심을 가져야 한다는 점에서 위 보고서의 의미는 상당하다고 할 수 있다. 즉 인구의 도시집중 완화를 위해 안정적 일자리와 생활 인프라 및 주거 환경 등 교육외적인 부분에서의 노력도 함께 동반되어야 하는 것은 분명하지만 더불어 지역의 균형발전에 필수 조건중 하나인 지역의 교육력이 강화되는 것은 지역소멸-수도권 집중-출생률 하락의 악순환의 고리를 바꿀 수 있는 주요한 방향이 될 수 있다는 것이다.

요즘 상당수 지자체가 농촌유학프로그램을 운영하며 일부 성과를 내고 있기도 하지만 이벤트적 성격으로 인해 지속가능성에 대한 의문도 함께 제기되고 있는 실정이다.

하지만 경남도의 '농촌유토피아' 사례처럼 자치단체에서는 임대용 공동주택 건립 및 제공과 일자리 알선을 담당하고 교육청과 학교는 학생들에게 교육비 전액 무상지원, 학생 수여 반영 방과후 프로그램 운영, 생태체험 교육 등 교육과정의 특성화 다양화 지역화를 이루는 협업시스템을 갖추자 학생 수가 증가하고 지역 인구유입효과까지 만들어 내기도 한다.

전남곡성교육청의 사례 또한 훌륭하다. 교육청과 곡성군청이 손을 잡고 지역을 살리는데 교육이 매우 중요하다는 인식을 가지고 함께 "곡성미래교육협력센터"를 만들고 군청직원이 교육청에 상주하며 교육협치를 시행해가고 있다. 지자체가 행정과 예산을 지원하고 교육청 주도로 지역교육 살리기 프로그램을 진행하면서 '곡성꿈놀자'와 같은 체험 프로그램, '에듀택시'같은 작은학교 통학 도움 프로그램, '문해교육'강사를 곡성 군민을 대상으로 양성하면서 지역 일자리 창출과 같은 민관학 프로그램을 성공적으로 시행하면서 지역소멸이 아니라 지역성장을 주도하고 있다.

물론 이 과정에는 지역을 잘 알고 성공적으로 안착시킬 수 있게 매개하는 중간조직의 역할이 컸다는 점도 시사하는 바가 크다고 할 수 있다.

출생률을 높이기 위한 전략과 함께 소멸되는 지역을 살리기 위해서는 인구의 도시집중을 완화시키는 노력이 절실하며, 지역 또한 자생력을 갖추기 위해 교육력을 확보하고 민관학의 협업시스템을 구축해야 하며 결국 이것이 지역을 살리는 교육, 교육을 살리는 지역이 될 수 있을 것이다.

II

청렴한 전북교육

- 무너진 청렴을 회복하다.
- 솔선의 청렴 리더십과 부패 무관용 원칙
- 투명인사시스템 강화
- 사립학교 공공성 강화와 투명한 예산

1. 다시 '기본'을 생각하다.

사람이 살아가는 데 기본이 되는 것이 있다. 먹고, 입고, 사는 집이다. 사람이 사회를 이루며 살아가는 데 기본이 되는 것이 있다. 약속이다. 약속이 지켜질 때 상대를 믿을 수 있고, 그 믿음 위에서 사회는 건강해지는 것이다. 이 믿음이 지켜지는 사회는 우리가 꿈꾸는 대동 세상이다. 그런데 이 약속을 지키는 일이 쉬운 일이 아니다. 기본이 되는 일일인데도 불구하고 말이다. 기본이 지켜지는 사회의 조직은 건강하다. 다시 말해 기본이 지켜지지 않으면 건강한 조직이 아니라는 말이다.

교육을 백년지대계라고 한다면 그 주체는 사람이다. 교육을 맡은 사람의 여하에 따라서 교육이 반듯하게 설 수도 있고, 한순간에 무너질 수도 있다는 말이다. 교육을 맡은 사람이 그래서 중요하다. 그렇다면 사람을 움직이는 힘은 무엇일까? 그것은 신뢰이다. 배움을 주고받는 사람 사이에 신뢰가 없다고 가정하면, 그 사회와 조직에서 어떻게 배움과 성장이 일어날 수 있겠는가? 불신 위에 교육을 세울 수는 없는 일이다. 신뢰가 무너진 사회와 조직은 마치 탁한 물 때문에 얕은 곳조차 볼 수 없는 것과 같다. 밑바닥까지 훤히 보이는 투명한 사회와 조직에는 불신이 끼어들 틈이 없다. 교육을 맡은 이들은 마땅히

맑은 물처럼 투명해야 한다. 그래야만 신뢰가 쌓이고 백년지대계를 꿈꿀 수 있기 때문이다.

신뢰를 쌓는 일은 청렴의 일상화로 가능하다. 청렴한 조직은 안팎이 훤히 보이기에 신뢰를 얻지만, 불투명한 조직은 모든 일에 끊임없이 의심을 낳는다. 따라서 교육청의 청렴도는 모든 행정 프로세스가 제대로 작동하고 있는지, 조직의 시스템과 문화가 건강한지 가늠하게 해주는 가장 압축적인 지표라고 볼 수 있다.

전북특별자치도교육청은 한때 국민권익위원회 청렴도 평가에서 전국 상위권을 기록했던 기관이다. 그러나 최근 몇 년 사이 청렴도는 지속적으로 하락해 시·도교육청 가운데 사실상 최하위권 수준까지 떨어졌다.

2. 기본이 무너진 결과

〈표 1〉 2011~2024 전북특별자치도교육청 청렴도

연도	종합청렴도 등급	청렴체감도 등급	청렴노력도 등급	부패실태 평가등급	비고
2011	4등급	–	–	–	종합 7.39점, 전국 14위
2012	2등급(우수)	–	–	–	전국 3위, 우수기관
2013	2등급(우수)	–	–	–	전국 4위
2014	2등급(우수)	–	–	–	전국 3위(3년 연속)
2015	2등급(우수)	–	–	–	4년 연속 우수기관
2016	2등급(우수)	–	–	–	5년 연속 우수기관, 전국 2위
2017	3등급	–	–	–	중위권(8위)
2018	2등급(우수)	–	–	–	전국 1위
2019	4등급	–	–	–	부패사건 감점(0.35점)
2020	3등급	–	–	–	2019 대비 1단계 상승
2021	3등급	–	–	–	종합청렴도 보통
2022	4등급	3등급	–	–	2022년 체감도 3등급
2023	4등급	4등급	4등급	–	2년 연속 종합 4등급
2024	3등급	4등급	3등급	–	노력도 상승, 체감도 최하위권

〈출처: 챗GPT 검색 결과〉

국민권익위원회의 청렴도 평가 결과 추이를 살펴보면 단순한 등급 숫자 변화라기보다는, 어렵게 세워 온 전북교육의 기본이, 즉 신뢰가 무너지고 있음을 보여준다. 그동안 강도 높게 단련해온 청렴

체질이 구조적 문제(인사, 예산, 감사, 시설 등)의 누적으로 인해 약해지고 있다.

청렴도 평가는 외부청렴도, 내부청렴도, 부패 경험도, 청렴 노력도, 청렴 체감도 등 세부 지표를 함께 분석할 때 종합평가의 의미가 있다. 외부 청렴도는 학부모·민원인·협력업체 등이 체감하는 부패 수준과 불공정 사례가 반영되고, 내부 청렴도는 교직원·직원들이 인사, 예산, 조직문화를 어떻게 경험하는지를 보여주고, 부패 경험도는 실제 금품·향응·편의 제공, 부당한 압력·청탁 등의 경험 비율이며, 청렴 노력도는 청렴 교육, 캠페인, 서약 등 형식적 노력의 정도를 나타낸다.

최근 전북특별자치도교육청의 청렴 노력은 요란할 정도로 야단법석이지만 청렴 체감도와 부패실태는 여전히 낮은 것으로 나타났다. 이는 보여주기식 청렴 캠페인과 서류상의 형식적 보고는 늘었지만, 현장의 반응은 싸늘하다는 점에 주목해야 한다. 현장에서는 형식적인 행사 말고 뭐가 달라졌는지 모르겠다는 반응, 그 이상도 그 이하도 아니다.

3. 기본이 무너진 이유

청렴도가 낮아진 것은 특정 개인의 일탈이나 단발성 사건으로 낮아질 수도 있으나, 그것보다는 오히려 다양한 구조적 요인이 복합적으로 얽혀서 청렴도 악화를 불러왔을 것으로 생각된다.

첫째, 일관성 없는 리더십

김승환 전 교육감은 1기 취임 초기 직원 조회에서 간담이 서늘할 정도의 메시지를 던졌다고 한다. 그동안 전북 교육계에 풍문으로 돌던 장천감오 (교장승진 천만 원, 교감승진 오백만 원)와 각종 비리를 척결하려는 단호한 의지를 공식적으로 강력하게 밝힌 것이다. 네가 아닌 내가 먼저 청렴한 공직 생활의 모범을 보여주겠다는 솔선수범의 의지 표명 이후 비리에 연루된 직원은 예외를 두지 않고 일벌백계의 단호한 징계가 내려졌고, 만연했던 부정부패의 고리를 끊어내고 드디어 2018년에 전국 시·도교육청 청렴도 평가 1위를 달성했다고 한다.

이는 조직의 청렴도는 기관장의 리더십과 직결된다는 실감 나는 사례이다. 리더가 청렴 메시지를 반복해서 내고, 실제 인사와 예산·조직 운영에서 그 메시지가 일관되게 구현되도록 솔선할 때 구성원

들도 동참할 수밖에 없으며 시간이 지나면 하나의 조직문화로 굳어
지게 된다.

청렴은 기본이라고 강조했던 전북특별자치도교육청은 말과 달리
다른 행보를 보여줌으로써 리더의 말이 무색하게 되었고 현장에는
급속하게 불신의 문화가 퍼졌다. 신뢰가 무너지기 시작한 것이다.

둘째, 인사와 조직 운영에 대한 불신

승진·전보·보직 배치는 구성원들이 민감하게 반응하는 청렴의 시
금석이다. 모두가 수긍하는 기준과 절차, 투명한 공개, 공정하고 공평
한 인사 원칙이 공개되고 이 원칙에 근거해 인사와 조직이 운영될 때
구성원들은 그 조직을 신뢰하게 되는 것이다. 최근 몇 년간 납득하기
어려운 사례가 반복되면서, "줄을 잘 서야 하고 누구의 사람이라고
불리는 라인을 잡아야 된다."라는 인식이 현장에 만연해지면서 청렴
은 그저 말뿐인 구호에 지나지 않게 되었다. 인사는 리더의 메시지이
다. 따라서 인사를 보면 리더의 지향하는 가치를 분명하게 파악할 수
있기에 현장은 빛의 속도로 반응할 수밖에 없다.

셋째, 예산·계약·시설 분야의 취약 구조

교육청에서 부정부패 발생 가능성이 가장 높은 분야는 예산 편성·
집행, 공사·용역 계약, 물품 구매 등의 분야이다. 이 분야는 입찰·낙찰

과정의 평가 기준과 결과 공개가 충분히 이뤄져야 하며, 특정 업체와의 거래, 설계 변경·공사비 증액 과정의 투명성이 확보되어야 하고, 학교 단위 소규모 공사의 전문성 부족에 대한 충분한 지원이 이뤄져야 한다. 교육청도 이러한 점을 잘 알기에 취약한 구조적 한계를 극복하기 위해 법을 어기지 않도록 노력하고 있음에도 끊임없이 잡음이 일고 있다. 법을 지켰을지 모르나 의사결정 과정이 타당하고 합리적으로 이뤄졌는지 살펴봐야 한다.

넷째, 청렴 피로도와 번지는 무관심

전북교육청의 청렴 노력은 눈물겹다. 그 결과 2024년에 3등급의 기적(?)을 이뤄 냈으나 체감도는 여전히 4등급에 머물고 있다. 지나치다 싶을 정도의 교육, 캠페인, 퍼포먼스, 서약 등등 형식적 행사의 반복으로 청렴 노력도는 4등급에서 3등급으로 한 등급 향상되었으나 정작 중요한 체감도는 제자리인 점을 주목해야 한다. 현장은 형식적 행사의 반복보다는 체감할 수 있는 투명한 행정, 절차의 간소화, 합리적 결정, 예산·인사 지원의 공정성, 일하는 방식의 개선, 민원 대응의 일관성 등 현장에 직접적으로 영향을 미치거나 심리적 안정감이나 신뢰를 쌓을 수 있는 작지만 체감할 수 있는 변화를 요구하지만, 이러한 요구가 수용되거나 개선될 기미가 보이지 않을 때 결국 포기하게 된다. 이러한 포기는 무관심의 문화를 낳는다. 잦은 형식적

청렴 행사로 인한 피로도가 쌓이고 현장이 주목하는 청렴 요소들이 제자리걸음을 할 때 무관심이 싹트고 체념이 체화되어 결국은 청렴은 뒷전으로 밀려나거나 포기하게 된다.

4. 기본을 다시 세우는 길

무너진 청렴도 회복은 리더십과 제도와 문화를 함께 바꿀 때 가능하다. 전북교육청은 2018년 전국 시·도교육청 청렴도 평가에서 1위를 달성했던 경험이 있다. 이 경험을 바탕으로 다시 청렴 최우수 교육청으로 거듭나기 위한 혁신의 과정을 시작해야 한다.

첫째, 솔선의 청렴 리더십과 부패 무관용 원칙

김승환 전 교육감의 청렴 의지를 본받아야 한다. 결백에 가까운 자기 검열과 직원들 앞에서 공개적으로 네가 아니라 내가 청렴에 솔선하겠다는 의지를 강력하게 천명함으로써 조직문화에 새로운 바람을 불러 일으켜야 한다. 그리고 크고 작은 부정부패에 대해 예외를 두지 않고 단호하게 무관용의 원칙을 적용해야 한다. 예외가 생기면 틈이 벌어지고 틈이 벌어지면 반드시 물은 세기 마련이다. 금품·향응·편의 제공, 입시·채용·인사 청탁, 예산·계약 비리 등에 대해 명확한 기준과 처벌 규정을 제시하고, 사례 발생 시 지체 없는 조치를 공개해야 한다. 이와 함께 적극 행정 면책제도의 실질적 운영을 통해서 학생과 교육공동체 전체의 이익을 위한 책임 있는 행정을 펼칠 수 있도록 보장해야 한다. 공익을 위한 결정 과정에 일부 흠결이 있더라도 책임을

과도하게 묻지 않겠다는 리더의 의지가 드러날 때 일하는 사람은 안심하고 즐겁게 일을 할 수 있다. 즉 조직으로부터 나의 행정행위가 보호받고 있다고 안정감을 주기 때문이다. 또한 청렴한 문화가 신속하게 뿌리내릴 수 있도록 내부고발자 보호 시스템을 강화할 필요가 있다. 건강하고 청렴한 조직문화를 만들기 위해서는 부정부패 사실을 신고한 사람에게 불이익이 생기지 않도록 익명의 신고 채널 운영과 제도적 보호 시스템을 구축해야 한다.

둘째, 인사제도의 혁신

인사가 만사라는 말이 있듯이 인사는 조직문화를 결정 짓는 중요한 요소이다. 인사는 기본적으로 구성원을 적재적소에 배치함으로써 조직의 안정을 꾀하고, 업무성과를 높이는 방향으로 진행된다. 여기서 간과해서 안 될 요소가 공정성과 투명성이다. 이 두 가지 요소는 인사의 청렴도를 측정하는 핵심 가치이기 때문이다. 안정적인 조직문화는 나태해지려는 유혹에 빠지기 쉽다, 안정적이면서도 진취적인 학교 문화 조성을 위해서는 시범적으로 학교장 선출보직제를 도입 운영하고, 내부형 공모제를 확대해 현장에 적절한 긴장감을 갖게해야 한다. 다만 과정을 투명하게 공개함으로써 학교장 선출의 정당성을 확보하고 철학과 비전을 바탕으로 한 능력 중심의 선발이 이루어지도록 해야 한다. 또한 인구 소멸 위기에 놓인 지역 교육 활성화를 위해서는 지역의 역사 문화를 잘 알고 지자체와 긴밀하게 협력할 수 있는 능력을 갖춘 교원을 대상으로 교육장을 공모하는 교육장 공모제의 도입을 검토해야 한다.

신규교사로 발령이 나게 되면 적잖이 당황하는 경우가 왕왕 있다고 한다. 물론 예전과 같지 않게 달라진 학교 문화 탓도 있겠지만 현장 적응 준비가 충분히 안 된 상태에서 학생들을 만나야 하는 탓도 있다. 그래서 오래전부터 일정 기간 현장 적응과 교육 철학 형성이 충분히 이루어지도록 지원하고, 평가를 연계하는 인턴제 논의가 있었고, 경기도교육청과 전남교육청에서 2025년에 신규교사 인턴제를 도입 시행함으로써 신규교사 인턴제도 도입의 길이 열렸다. 전북에서도 인턴 교사제를 시범 도입하여 교사와 학생 모두의 교육력을 향상시킬 수 있도록 적극적으로 검토해 봐야 한다. 장기근속 교사의 소진을 예방하고, 전문성 개발을 위해서 학습연구년제를 확대 시행하고, 교수들에게 주어지는 안식년제도를 교사들에게도 확대 적용하는 방안을 검토해 그 필요성이 인정되면 교사 안식년제를 시범적으로 운영할 필요가 있다.

또한 지방공무원 인사시스템 혁신도 필요하다. 전보 희망제 확대와 순환보직제 합리화를 통해, 특정 부서나 지역의 붙박이 인사로 인한 유착 가능성을 줄이고, 신규직원 인턴제와 디딤돌 제도를 활용하여, 업무 능력과 청렴 의식을 초기 단계부터 자연스럽게 내면화하도록 할 필요가 있다. 이러한 일련의 인사제도 혁신 노력은 내부 구성원들의 자긍심을 높이고 공정한 경쟁을 통한 실력과 공적으로 업적을 평가받는 조직문화가 형성되어 내부 청렴도 향상으로 이어지게 될 것이다.

셋째, 사립학교 공공성 강화와 투명한 예산

전북의 사립중학교 비중은 23.6%, 고등학교의 경우는 51.1%에 이르고 있는 상황에서 공립학교와 차별 없는 공평한 지원은 당연하다. 또한 인사, 예산 운영의 투명성도 함께 담보되어야 한다. 사립학교를 개인의 재산으로 여겨 인사와 예산을 마음대로 운용하려던 전례가 없었던 것은 아니지만 시대의 변천과 함께 공정하고 투명하게 학교를 운영하려는 노력이 곳곳에서 나타나고 있다. 따라서 교직원 채용 시 교육청 위탁 채용 제도를 더욱 확대 운영하고, 예산 사용도 누가, 언제, 어떤 근거로 결정했는지 추적할 수 있는 시스템을 구축해 부정부패 유혹으로부터 학교 구성원을 지켜주려는 노력을 교육청도 해야 한다. 물론 비위 법인과 학교에 대해서는 재정 지원 제한, 이사 교체 등 실효성 있는 제재를 가해야 하겠지만 모범적인 사립학교는 인증제를 도입하여 충분한 지원을 강화할 필요가 있다.

5. 실행 방안

추락한 청렴도 회복은 결코 쉬운 일이 아니다. 이일은 단거리 경주가 아니라 마라톤에 가깝다. 그러나 작금의 전북교육청 현실은 짧은 시간 내에 해결해야 할 문제가 산적해 있다. 청렴도 최우수 등급 달성을 목표로 결승선을 분명히 하고 단계별 추진 전략을 세워야 한다.

1단계는 신뢰 회복의 가시적인 신호를 보여줘야 할 필요가 있다. 즉 이전과는 다르다는 것을 구성원 모두가 체감할 수 있는 확실하고 강력하고 단호한 신호를 주어야 한다. 리더가 직접 자신이 부정부패에 연루된다면 어떻게 할 것인가를 밝히는 것부터 시작해야 한다. 리더가 직접 참여하는 '청렴 비전 선포식'을 통해, 구체적인 목표 연도와 달성 지표를 제시하고, 대표적인 부정부패 사건 처리 사례를 투명하고 구체적으로 공개하여 과거와 달라졌음을 확실하게 보여줘야 한다. 이와 함께 내부고발자 보호센터 설치, 계약심의위원회 외부위원 확대 등 청렴 정책도 핵심적인 정책도 확실하게 각인시켜야 한다.

2단계는 제도 정착과 문화 변화를 이끌어야 한다. 인사·조직·예산·계약 시스템을 전면 재점검하고, 교원단체, 학부모회, 시민사회가 참여하는 '청렴 위원회'를 설치하여, 모든 분야에 걸쳐 청렴 피드백을 정례화해야 한다. 또한 지금까지의 보여주기식 형식적인 청렴 연수에서 탈피해 사례 분석 중심, 딜레마 토론회, 역할극 등 체험형 교육으로 전환해야 한다.

3단계는 '청렴 최우수 교육청' 회복이다. 청렴이 조직문화로 자리잡는 단계로 국민권익위원회 종합청렴도 2등급 이상을 회복하고 외부청렴도, 내부청렴도, 부패 경험도 전 영역에서 고른 성과를 내는 것을 목표로 삼아야 한다. 개인과 기관의 우수사례를 적극적으로 홍보하고 확실한 인센티브를 제공해 지속적으로 동기를 부여해야 한다.

6. 다시, 청렴이다.

　부정과 부패로 얼룩진 손에 학생들을 맡길 수는 없다. 미래의 주인
인 학생들이 민주시민의 삶을 살아가는데 필요한 자질을 키워주는
손이 부정부패에 오염되어 있다면, 아무도 이런 조직에 학생들을 맡
기고 싶지 않을 것이다. 교육에서 신뢰를 잃으면 모든 것을 잃은 것
이다. 신뢰의 전제조건은 청렴이다. 청렴을 잃으면 신뢰가 깨지고, 신
뢰가 깨진 행정은 시민들로부터 질타와 외면을 받게 되고 공공성을
상실하게 된다. 결국 청렴은 조직의 미래를 결정 짓는다. 최근 몇 년
간 전북교육청이 보여준 청렴 성적표는 시민들께 보고드리기가 민망
할 정도이다. 한때 전북교육청은 청렴도 우수기관으로, 다른 시·도교
육청의 부러움을 사던 시절이 있었다. 리더가 바뀌면서 한순간에 무
너진 조직의 청렴문화를 다시 원상회복하는 길은 제도와 교육과 퍼
포먼스가 아니라 리더의 의지와 선택의 문제다. 부패에 단호한 무관
용을 선언하고, 인사·조직·예산·계약 전 영역에서 투명성을 높이며,
내부고발자와 적극행정을 보호하는 문화를 만든다면, 청렴도는 반드
시 회복될 수 있을 것이다.

　전북교육청이 다시 한번 청렴 최우수 교육청으로 회복하는 노력을
구성원 모두가 책무성을 갖고 참여할 때, 전북교육의 신뢰를 회복하

는 길이 될 것이며, 학생들의 미래를 활짝 열어주는 길이 될 것이다.

참고자료

Ⅰ. 건강한 교육생태계 회복

경기도교육연구원(2021).『자본과 국가권력을 넘어 교육자치의 새 길을 찾다』. 학이시습

마이클 샌델, 안규남 옮김(2015).『민주주의의 불만』. 동녘

유네스코 국제교육위원회 교육보고서(2022). 함께 그려보는 우리의 미래. 유네스코

이덕난(2023). "교권보호 4법의 의미와 외국의 관련 사례". 행복한교육

이혁규, 안데르스 슐츠(2025).『민주주의 위기 시대, 교육의 응답』. 에듀니티

전북특별자치도 누리집 https://www.jeonbuk.go.kr

전제상,민윤경(2020). "교육활동 침해 예방 및 보호정책 사례 분석". 한국교원교육연구

존듀이(2007).『민주주의와 교육』. 교육과학사

파커파머(2016).『비통한 자들을 위한 교육학』. 글항아리

Demonkratie-leben 누리집 https://www.demokratie-leben.de.

교육부(2025.5.13). "2024학년도 교육활동 침해 실태조사 결과 발표". 보도자료

뉴스1(2025.11.01.). "APEC 정상회의, '경주 선언' 채택…" 아태 자유무
역 지대 추진

전라매일신문(2021.10.06.). "전북 민주시민교육에 대한 설문 조사(민
동)"

천호성(2025.8.7.). 전문학습공동체 회복을 통한 학교의 성장을 기대하
며. 전라매일신문. 칼럼

II. 교육과정 중심의 학교 세우기

경기도교육청(2025). 2025 학교현장체험학습안전매뉴얼.

권순형 외(2020) 2020년 교원행정업무경감사업 운영결과 보고서. 한국
교육개발원.

김미형(2020). 교육실무직원제도의 교원업무경감효과에 대한 교원인식
조사-부산광영시교육청 소속 교원을 중심으로-한국교원대학교 석사
학위논문.

김용남(2016) 학교회계제도의 실태 및 개선 방안. 제98차 KEDI 교육정
책포럼자료집. 한국교육개발원.

김승보·김민석·김형만·이혜숙(2020), 마을교육공동체와 지역인적자원개
발. 한국직업능력개발원.

김혜진 외(2022). 2021년 학교업무경감 및 효율화 사업 결과보고서. 한
국교육개발원.

박명희(2021). 공동교육과정 운영 실태 및 개선안: 대구지역 고등학교를
중심으로. 교육과정평가연구 제24권 4호. 교육과정평가연구.

신현석 외(2012) 교무행정 지원인력의 업무실태 분석을 통한 업무조정
및 인력 운용방안 탐색. 한국교원교육연구. 한국교원교육학회.

전북특별자치도교육청(2024). 2025학년도 학교회계예산편성기본지침.

Ⅲ. 기초 튼튼! 기본에 충실한 교육

교육부(2023). 2022 초중학교 교육과정 총론(교육부 고시 제2022-33
호)

김성경외(2023). OECD 국제 학업성취도 평가:PISA 2022 결과 보고서.
한국교육과정평가원

김지수외(2023). 2023년 교육복지우선지원사업 및 교육복지안전망 운영
현황 조사 결과. 한국교육개발원

김현수(2025). 『요즘 아이들 무기력의 비밀』. 해냄

박노해(2010). 『그러니 그대 사라지지 말아라』. 느린걸음

엄기호(2017). 『공부 공부』. 따비

전북특별자치도교육청(2025). 기초학력 보장 시행 계획.

전북특별자치도교육청(2025). 전북 초등 학습코칭 도움자료

토드 로즈(2021). 『평균의 종말』. 21세기 북스

한강(2025). 『빛과 실』. 문학과 지성사

Ⅳ. 실력 쑥쑥! 학력을 넘어 실력을 키우는 학교

교육부(2022) 2022 개정 교육과정 총론, 교육부 고시 제2022-33호

김경근 외(2022). 코로나19를 전후한 고등학생 수학 성취도 변화: 실태 및 영향요인. 교육과정평가연구. 25(4):63-88

김양분 외(2018). 가정의 사회·경제적 지위가 중학생의 학업성취도에 미치는 영향력의 변화-한국교육종단연구, 2005와 2013의 비교를 중심으로. 한국교육개발원

『대한민국교육트랜드 2023』(2022), 에듀니티.

『대한민국교육트랜드 2026』(2025), 에듀니티.

오희정, 김갑성(2019). 부모의 사회경제적 지위가 자녀의 자아개념을 매개로 학업성취에 미치는 영향에 대한 종단적 분석. 학습자중심교과교육연구. 19(16):23-38.

전북특별자치도정신건강복지센터 누리집. 2024 전라북도청소년 스트레스 인지율, 우울감 경험율 https://jbmhc.or.kr/sub.php?idx=16&menukey=119&utm_source=chatgpt.com

전라북도교육청(2021). 『전북혁신교육 10년, 그 너머(2021)』.

정연준 외(2022). 중학교 수학 학습격차 분석. 교육과정평가연구. 25(3): 173-191

김현섭(2023). 『학교, 미래교육을 디자인하다』. 수업디자인연구소.

인천광역시교육청 교육정책연구소(2024). 경계선 지능 학생 실태 및 지

원 방안 연구

교육플러스(2025.9.15.). '학력을 넘어 실력으로… 개별 맞춤형 진학진로
　　교육 강화가 필요하다'

노컷뉴스(2025.1.20.). '전북 임금 수준 취약 1인당 평균 급여 전국 15위
　　수준',

전북중앙(2025.12.2.). '학생중심 미래교육 실현 정책 빛 발해'

전주일보(2025.3.13.). '전북 초·중·고 평균 사교육비 34만 4,000원…
　　13.8% 증가'

천호성(2025.08.21.). '전북교육청의 총괄평가를 말하다'. 교육플러스 기
　　획&연재

JTV뉴스(2025.5.20.). '전북 고교생 수학 A등급 7.7%… 전국 최하위'

JTV뉴스(2025.6.12.). 학력 신장 외쳤지만… 수능 성적 '뒷걸음'

V. 모두가 성공하는 진로교육

경기도교육청(2024). AI 기반 맞춤형 진로·진학 지원 시스템 '꿈it(잇)다'
　　개통. 보도자료.

교육부(2024). 지역과 함께하는 협약형 특성화고등학교 추진 계획.

김종영(2021). 『서울대 10개 만들기』. 살림터

서울시교육청(2020). 서울 오디세이학교 운영 백서.

통계청(2023). 경제활동인구조사 청년층 부가조사 결과.

KDI 경제정보센터(2024. 05). 취업-정주하는 인재 양성을 위한 협약형 특성화고등학교.

매일경제(2023. 03. 15). "수시 컨설팅 500만원"… 학종이 키운 사교육 시장.

시사의 창(2025.9.30.). 고등학교 자퇴비율, 2022학년도부터 급증… 특성화고 4% 넘어

전북도민일보(2025.11.09.). 전북, 전북, AI 예산 10조원 시대… "피지컬 AI 선도지구 열어가자"

VI. 하이터치! AI·미래 교육

교육부(2023), 『AI 디지털 시대 교육 대전환을 위한 인재 양성 계획』, 교육부.

교육부·한국과학창의재단(2023), 「디지털 새싹 캠프 운영 자료집」, 한국과학창의재단.

전북특별자치도교육청(2024). 전북 미래교육 기본계획.

전북특별자치도교육청(2025). 전북미래학교 운영 계획.

전북특별자치도교육청 미래교육연구원(2024), 『미래교육 수업·평가 혁신 사례집』, 미래교육연구원.

전북특별자치도교육청(2021), 『디지털 기반 교육혁신(스마트기기 보급 및 디지털 선도학교 운영) 추진 계획』, 전북특별자치도교육청.

전북특별자치도청·전북특별자치도교육청(2024), 『전북 교육발전특구 및 RISE 추진 전략(요약본)』, 전북특별자치도.

Ⅶ. 관계 회복 중심의 따뜻한 학교

김미희 외(2021). 『공감으로 풀어가는 관계 중심 교실 상담』. 수류화개

김훈태(2024). 『회복되는 교실』. 교육공동체 벗

전종희 외(2017). 『인간관계 중심 인성교육』. 어가

신동엽 외(2019). 『학교 규칙은 관계 중심인가?』. 착한책가게

Ⅷ. 모두를 위한 교육복지

교육부(2025). 2025년 주요업무 추진계획.

경기도교육청(2025). 2025 경기교육 주요업무계획.

서울특별시교육청(2024). 2025 서울교육 주요업무.

전북특별자치도교육청(2025). 2025 전북교육 계획.

전라남도교육청(2025). 2025 전남교육 주요업무계획

천호성(2022). 『미래교육을 위한 천호성의 천가지 생각』. 홍디자인

통계청(2025). 2024년 초중고사교육비조사 결과. 보도자료.

EBS 뉴스12(2025.11.19.). '한국어 배우고 공부 습관까지'... 전국 첫 다문화 통합 교육 출범

전북미래교육신문(2025.1.29.). [심층취재]신입생이 없는 학교 29개교...

전북 농산어촌 폐교 위기 가속화

프레시안(2025,09.19). 전북 학교폭력 피해율 3.1%⋯전국 초중고 평균
웃돌아 '심각'

IX. 지역을 살리는 교육

교육부(2021). "2021년 교육부 미래교육지구 신규 12개 선정" 보도자료

김용련(2021). "지방교육자치를 위한 민주주의 거버넌스의 쟁점과 발전
과제". 한국교육행정학회 학술연구발표회논문집.

손성호(2020). "미래형 교육자치 협력지구 추진방향과 과제". 교육정책포
럼.

천호성(2020.8.6.). With 코로나 나아가 Post 코로나 시대, 미래교육을
논하다. 한국교직원공제회 블로그

천호성(2021.5.23.). 이제 지역과 학교의 생존을 고민해야 한다. 투데이
안. 칼럼

프레시안(2021.8.24.). "비대해진 도교육청 기능 축소하고, 시군 교육지
원청 역할 확대해야"

초판   1쇄 발행   2026년 1월 15일

저자 천호성
편집 · 디자인 홍성주
펴낸곳 도서출판 위
주소 경기도 파주시 광인사길 115
전화 031-955-5117~8

ISBN 979-11-86861-48-6 03370

• 책값은 뒤표지에 있습니다.
• 파본은 구입하신 서점에서 교환해 드립니다.